Antonino PICCIONE - Giovanni TRIDENTE (eds.)

C'È FIDUCIA IN QUESTO GIORNALISMO

Curare le relazioni
per vincere la diffidenza

Contributi di
Daniel Arasa, Giuseppe Moles, Guido D'Ubaldo,
Nataša Govekar, Mario Morcellini, Antonio Pavolini,
Alessio Cornia, Assunta Corbo, Andrea Spinelli Barrile,
Caterina Malavenda, Donata Columbro, Manuel Sánchez,
Giovanni Tridente, Antonino Piccione

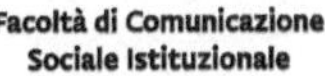

**Pontificia
Università
della
SANTA
CROCE**

**Facoltà di Comunicazione
Sociale Istituzionale**

ISCOM – Promozione della
Comunicazione Istituzionale

ROMA 2022

Grafica e impaginazione
Liliana M. Agostinelli

ISBN 9798448295850
Casa editrice Amazon

INDICE

NOTA DI PRESENTAZIONE 7

INTERVENTI IN PILLOLE 9

RIFLESSIONI INTRODUTTIVE........................ 15
    Daniel Arasa........................ 17
    Giuseppe Moles 20
    Guido D'Ubaldo........................ 23

I. LA FATICA DELL'INCONTRO E
    DELL'ASCOLTO
    Nataša Govekar 27

II. LA RIVINCITA DEL GIORNALISMO
    ALLA PROVA DEL COVID
    Mario Morcellini 35

III. EPOCALIZZAZIONE DEL PRESENTE
    E "ACCELERAZIONI" DEI MEDIA
    Antonio Pavolini........................ 45

IV. POLARIZZAZIONE E FIDUCIA
    NEI MEDIA INFORMATIVI ITALIANI:
    UN CONFRONTO INTERNAZIONALE
    Alessio Cornia 53

V. I MEDIA FALLISCONO QUANDO
    DIMENTICANO LE PERSONE
    Assunta Corbo........................ 67

VI. GIORNALISMO, COSTRUZIONE E
    MANUTENZIONE DELLE RELAZIONI
    ANDREA SPINELLI BARRILE.................................. 73

VII. PRIVACY, INFORMAZIONE
    E TUTELA DELLA PERSONA
    CATERINA MALAVENDA 79

VIII. ALGORITMI E DATI
    DONATA COLUMBRO 85

IX. SPERANZA E FIDUCIA
    MANUEL SÁNCHEZ 93

X. IL GIORNALISMO È ADESSO
    GIOVANNI TRIDENTE 101

XI. IL PRESTIGIO E LA DIGNITÀ DELLA
    PROFESSIONE GIORNALISTICA NELLA
    RISCOPERTA DEI SUOI FONDAMENTI
    ANTONINO PICCIONE 105

NOTA DI PRESENTAZIONE

L'offuscamento del prestigio della professione giornalistica – chiamata a "tutelare la libertà di espressione, condizione necessaria per la democrazia e la pace duratura" (Nobel per la pace 2021) – nuoce non soltanto alla salute dell'informazione, ma finisce per danneggiare tutta la società. Avere cura della relazione con il pubblico, vincere la diffidenza dei lettori, (ri)conquistare la loro fiducia, costituisce allora un preciso impegno di natura etica e deontologica che ciascun giornalista è tenuto a onorare, a maggior ragione nell'epoca della disintermediazione e della iperconnessione.

Il volume raccoglie e integra le relazioni scaturite nel corso della Giornata "La fiducia nei media e la cura della relazione", svoltasi il 16 marzo 2022 presso la Pontificia Università della Santa Croce (Roma), dedicata alla promozione della fiducia nel giornalismo: una sfida a cui i media, non di rado percepiti come poco credibili o sempre meno autorevoli, non possono sottrarsi.

In continuità con inziative simili (2019 e 2021), la Giornata è stata promossa dalla Facoltà di Comunicazione Sociale Istituzionale dell'Università della Santa Croce e dall'Associazione ISCOM – Promozione della comunicazione istituzionale (ente terzo formatore).

Contributi di: Daniel Arasa, Giuseppe Moles, Guido D'Ubaldo, Nataša Govekar, Mario Morcellini, Antonio Pavolini, Alessio Cornia, Assunta Corbo, Andrea Spinelli Barrile, Caterina Malavenda, Donata Columbro, Manuel Sanchez, Giovanni Tridente, Antonino Piccione.

INTERVENTI IN PILLOLE

Guidata da un'etica ben fondata antropologicamente, la professione giornalistica è un servizio alla società e al bene comune. Nello stesso tempo, siamo coscienti che uno dei news values perché una storia "venda" è quello del conflitto. Ma ci sono altri valori – la vicinanza, l'emotività, l'originalità ecc. – a cui alle volte non diamo importanza. In secondo luogo, il conflitto può essere presentato in modo che non sia confronto aspro e insolubile, ma piuttosto diversità di vedute rispettose dell'opinione e della dignità altrui.

Daniel Arasa

In questo scenario è il giornalista ad assumere un ruolo dirimente, perché è il giornalista che può garantire una informazione di qualità, chiara, basata sulla verifica delle fonti; quello del giornalista è dunque un ruolo di mediazione fondamentale e necessario. Per questo motivo ritengo che il giornalismo, il buon giornalismo sia l'antidoto più potente per contrastare la disinformazione; è solo la buona e corretta informazione che può restituire al settore quella autorevolezza e quella credibilità oggi messe in discussione.

Giuseppe Moles

Deontologia: il fine dell'Ordine dei giornalisti e la sua ragion d'essere. Un dovere per ogni giornalista, quello di rispettare le carte deontologiche. Come deve essere un impegno quello di offrire ai lettori e agli ascoltatori una informazione di qualità. Perché saremo sempre più credibili se dimostreremo di aver studiato prima di scrivere.

Guido D'Ubaldo

Il lavoro dei giornalisti – secondo Papa Francesco – ci permette di valutare la crudeltà di una guerra e di essere vicini al dramma di chi soffre. Ci vuole la fatica dell'incontro per poter offrire un'informazione equilibrata, e tanta capacità di ascolto per essere disposti anche a modificare le proprie idee di partenza. Per poter offrire chiavi di lettura più profonda, non bisogna ergersi a giudici, ma portare il palpito della cronaca a Dio e lasciarsi ferire dalle storie che incontriamo.

Nataša Govekar

Dal titolo della Giornata si scorge quanto percorso intellettuale sia stato sollecitato negli oltre venti mesi di pandemia. Esso riassume le parole chiave che stanno dietro i cambiamenti di atteggiamento dei pubblici nei confronti della comunicazione, ma soprattutto dell'informazione. Ecco perché scegliere le parole "fiducia" e "cura" rappresenta una scelta illuminante. Come sempre nelle emergenze, le verità e i bisogni umani si rivelano in modo più trasparente, e la fiducia torna ad essere il cemento prezioso di una nuova relazione tra pubblici, lettori e testi.

Mario Morcellini

Da decenni il modello economico dei media non premia più, in prima battuta, la qualità del contenuto, ma la sua capacità di presidiare la nostra attenzione. Il tipo di contenuto in grado di garantire questo processo di creazione di ricavi è estranea al giornalismo. Quasi sempre non è informazione, è infotainment. La polarizzazione, in particolare, è figlia di questo prerequisito industriale dell'ecosistema dei media, ma produce effetti pericolosi sulla qualità del dibattito pubblico.

Antonio Pavolini

I media italiani sono più o meno polarizzati rispetto a quelli di altri paesi? La moltiplicazione delle fonti di informazione online porta automaticamente ad un aumento della polarizzazione del pubblico? Di quanta fiducia godono i media italiani rispetto a quelli di altri paesi? Il confronto tra l'Italia ed altri paesi consente di rispondere a queste domande e di mostrare come il calo della fiducia nella credibilità delle notizie sia collegato all'elevata polarizzazione del sistema mediale italiano.

Alessio Cornia

È arrivato il momento di occuparsi in modo concreto della fiducia nei media. Una sfida che noi professionisti dell'informazione possiamo cogliere utilizzando gli strumenti digitali. E lavorando sulla relazione: le persone sono in rete, è lì che dialogano, cercano le notizie, si aspettano di capire il mondo. Noi siamo pronti ad ascoltarli? Rispondiamo alle loro sollecitazioni? Ci prendiamo il tempo per intercettare i loro bisogni? È quando attiviamo questo dialogo che favoriamo la costruzione della fiducia.

Assunta Corbo

Il giornalismo inteso come verità rivelata è come gli stati nazionali: un paradigma del Novecento. Ora è tempo di trasformare il proprio modo di pensare, fare e fruire il giornalismo, una rivoluzione che parte dai lettori per arrivare agli autori, alle redazioni e agli editori. Oggi la disintermediazione dei media e i nuovi modelli di comunicazione online sono lo strumento per consolidare la propria credibilità in un pubblico ben definito. La radice antica del giornalismo, però, resta sempre la stessa: l'ascolto e lo studio.

Andrea Spinelli Barrile

Un'informazione di qualità e responsabile deve uniformarsi alle regole che disciplinano la condotta dei giornalisti e che impongono la tutela della persona e di tutti i suoi diritti, compreso quello alla riservatezza. Deve inoltre vincere la battaglia con il flusso di notizie, spesso immesse nel circuito informativo senza un serio controllo, offerte da chi non è giornalista e non soggiace a quelle regole, che raggiungono gli utenti sui social e che contribuiscono alla formazione del consenso e dell'opinione pubblica. Così è difficile comprendere se quelle notizie abbiano contribuito alla formazione dell'opinione o l'abbiano condizionata.

Caterina Malavenda

Di fronte a temi complessi come la diffusione degli algoritmi per decidere della vita delle persone e la pervasività dei big data, cosa devono raccontare i media? Un approfondimento sulla narrativa dell'intelligenza artificiale e i dati che sembrano guidare le persone nell'errore e nella disinformazione. E se fosse il contrario? Scopriamo come in realtà il problema non sia usare l'intelligenza artificiale e gli algoritmi per prendere una decisione, ma definirlo e raccontare questo meccanismo come neutro e imparziale.

Donata Columbro

Importante ispirare di nuovo fiducia nelle istituzioni che costituiscono la spina dorsale della società e le danno coesione e forza. Ma come si può ricostruire la fiducia? Essa riaffiora quando nei messaggi delle istituzioni e dei media c'è una comunicazione chiara, ben spiegata, dove non si nasconde niente, con un atteggiamento di speranza e di lavoro ben fatto, con caratteristiche evidenti di qualità.

Manuel Sánchez

Se c'è una cosa che i social – e la rete in generale – hanno insegnato in questi anni, è che loro continueranno ad esistere anche senza l'adesione di quei pochi che vi si oppongono. In questo cambiamento d'epoca anche il "giornalista" deve assumersi l'onere di far parte della gara, continuando ad offrire alla società le primizie e non le cose risapute; lavorare sul contesto, sulle cause, sulle ragioni del perché accade quel che accade; accompagnare l'evoluzione delle "storie" alla "soluzione" dell'accaduto, e a un risvolto costruttivo delle vicende.

Giovanni Tridente

Riscoprire i fondamenti della professione per meritare la fiducia del proprio pubblico. È un preciso impegno di ogni giornalista, chiamato a operare con correttezza e accuratezza, senza però alcuna carità di patria, senza guardare in faccia a nessuno. Tenuto a spogliarsi da ogni appartenenza nell'interesse di un'opinione pubblica libera perché eticamente e deontologicamente informata. Argine a ogni menzogna, manipolazione, arbitrio. Specie in tempo di guerra o di pandemia.

Antonino Piccione

RIFLESSIONI INTRODUTTIVE

Daniel Arasa[1]
Pontificia Università della Santa Croce

Due parole sulla nostra Facoltà per sapere chi siamo e perché ospitiamo questo incontro, organizzato assieme all'associazione ISCOM. La Facoltà di Comunicazione è nata 25 anni fa. Apparteniamo ad una università pontificia e siamo un'istituzione accademica dedicata alla comunicazione della Chiesa, uno dei temi che sta così a cuore a Papa Francesco. Dalla sua nascita ad oggi, hanno frequentato le nostre aule più di 500 studenti di circa 40 Paesi, impegnati attualmente in tutto il mondo per servire professionalmente le istituzioni ecclesiali nell'ambito della comunicazione.

Non è il momento per sviluppare tutti gli ambiti che, oltre alla didattica, cerchiamo di promuovere. Ne cito due brevemente: la rivista accademica "Church, Communication and Culture", accessibile online in open access, pubblicata in inglese dalla casa editrice Routledge, e dedicata alla riflessione scientifica sulla comunicazione; i seminari per giornalisti, anche di più giorni, tra cui quello

---

[1] Decano della Facoltà di Comunicazione Sociale Istituzionale della Pontificia Università della Santa Croce. Consultore del Dicastero per la Comunicazione. Baccellierati in Giornalismo e in Teologia, master in Radio e Televisione, dottorato in Comunicazione Sociale Istituzionale. Già giornalista per l'agenzia Europa Press dal 1994 al 1997. Membro del board editoriale del giornale accademico *Church, Communication and Culture*.

che ogni due anni si svolge in inglese e in italiano sui temi di attualità dell'informazione religiosa.

Vorrei fare riferimento a due aspetti su cui si svilupperà la Giornata: la centralità della *persona* e il pericolo della *polarizzazione*. I media in generale, e i giornalisti in particolare, giocano un ruolo essenziale nella società. È particolarmente evidente nell'attuale situazione di guerra in Ucraina. Se, come penso, il ruolo e la professione giornalistica devono essere guidati da un'etica ben fondata antropologicamente, risulta allora evidente che il vostro lavoro (come il mio, da un'altra prospettiva) è un servizio alla società e al bene comune. Per portare avanti questo servizio è essenziale considerare se l'informazione che ciascuno di noi elabora, e l'interpretazione che ne offre, sono veramente di aiuto per migliorare le singole persone e la società nel suo insieme.

Nello stesso tempo, siamo coscienti che uno dei *news values* perché una storia "venda" è quello del conflitto. Ma il conflitto non è sempre il *news value* più importante; ce se sono altri (la vicinanza, l'emotività, l'originalità, ecc.) a cui alle volte non diamo importanza. In secondo luogo, il conflitto può essere presentato in modo che non sia necessariamente e unicamente confronto aspro e insolubile, ma piuttosto come diversità di vedute, sempre rispettose dell'opinione e della dignità altrui. Come farlo, come presentare il conflitto in questo modo, richiederebbe adesso troppo tempo per essere spiegato.

Termino dicendo che ci fa davvero piacere che siate qui per parlare di *fiducia*, così necessaria nella comunicazione. Noi comunicatori istituzionali facciamo molto affidamento sul vostro lavoro di giornalisti, cerchiamo di coltivare con voi un rapporto professionale, serio, onesto, collaborativo. Dovrebbe essere così per tutti i comunicatori istituzionali, ma vi posso garantire che lo è in tutti quelli che qui si formano per operare nella comunicazione di istituzioni ecclesiali.

Giuseppe Moles[2]
Presidenza del Consiglio dei Ministri

Stiamo riflettendo su un tema delicato, di estrema importanza e quanto mai attuale che riguarda il mondo dell'informazione, la fiducia che gli italiani hanno nei media e che ci rimanda al ruolo, fondamentale, del giornalista e del giornalismo.

La questione è estremamente importante, ed è collegata a quello che ritengo sia il vero problema: la disinformazione, e quindi le fake news, la tutela dell'onore, la reputazione, la correttezza di tutti i linguaggi e l'istigazione, in ogni sua forma.

Il fenomeno delle notizie fasulle è cresciuto in modo esponenziale con Internet, e quindi è molto più complicato distinguere tra notizie attendibili e non; la disinformazione, la marea di fake news che circola in Rete e sui social, può influire su ogni aspetto della nostra vita, anche e addirittura sul funzionamento di ogni democrazia.

---

[2] Sottosegretario di Stato alla Presidenza del Consiglio dei Ministri, Informazione ed Editoria. Si è laureato in Scienze Politiche presso la LUISS di Rom<a, discutendo una tesi in Relazioni Internazionali dal titolo "La Destra Italiana e Francese in Europa (dal 1945 al 1991)". Politico e docente universitario, esperto di Relazioni Internazionali, Difesa e Sicurezza, Politica Interna e Internazionale, Scienza della Politica, Studi Strategici, Comunicazione & Mass Media, Consulenza Strategica di Comunicazione, Lobbying e Relazioni Pubbliche.

Con la rete le potenzialità si sono amplificate a dismisura, ma le stesse opportunità confliggono con i pericoli collegati alla circolazione di dati e informazioni, spesso non certificate, sul web; da qui tutti noi abbiamo la necessità di circoscrivere una serie di elementi infausti, e ciò, lo ripeto sempre, perché questo tipo di rischi e pericoli corrono più veloci degli interventi normativi.

Ma voglio chiarirlo, e anche questo lo ripeto sempre: per me il digitale non è un nemico, può e deve essere una opportunità; per me il digitale non è il male assoluto, è piuttosto uno strumento, ed è invece l'uso di questo strumento che può avere conseguenze positive o negative; intendo dire che il digitale, se ben utilizzato, può aprire una serie di possibilità per tutti.

Tutti noi desideriamo una rete più trasparente, inclusiva, pluralista e democratica, in cui siano chiari i responsabili delle informazioni, in cui sia certa la paternità dei dati, in cui ci sia modo di rettificare con rapidità le notizie; la sfida che abbiamo di fronte è dunque quella di arginare le fake news, affinché i cittadini possano avere gli strumenti per orientarsi nella realtà, decidere ad esempio chi votare o come tutelare la propria salute, solo sulla base di notizie vere e certificate.

Una informazione seria, certificata, vera è alla base di ogni democrazia e dunque un bene prezioso da difendere e tutelare.

In questo scenario è il giornalista ad assumere un ruolo dirimente, perché è il giornalista che può garantire una informazione di qualità, chiara, basata sulla verifica delle fonti; quello del giornalista è dunque un ruolo di mediazione fondamentale e necessario. Per questo motivo ritengo che il giornalismo, il buon giornalismo sia l'antidoto più potente per contrastare la disinformazione; è solo la buona e corretta informazione che può restituire al settore quella autorevolezza e quella credibilità messe in discussione.

Il nostro compito deve essere quello di lavorare tutti insieme, nessuno escluso, a quella che potremmo definire una "educazione digitale" di tutti i cittadini; anche per questo ho intenzione di valutare la possibilità di una campagna di sensibilizzazione per un utilizzo sano e consapevole di tutti i nuovi strumenti digitali.

Come già detto, spesso lo sviluppo tecnologico è più veloce di qualsiasi norma, ma io continuo ad avere fiducia nelle persone e credo fermamente che per arginare il fenomeno delle fake news ci vuole soprattutto tanta responsabilità e professionalità di tutti gli addetti ai lavori.

Guido D'Ubaldo[3]
Ordine dei Giornalisti del Lazio

"È una gran cosa il giornalismo, anche quello universitario. Voi potete offrire un grosso contributo alla diffusione fra i vostri colleghi dell'amore per gli ideali più elevati. E ora, ancora una volta, non posso tralasciare di invitarvi ad amare la verità". Scriveva così San Josemaría Escrivá, quando ancora, in Italia, la via di accesso al giornalismo era quasi esclusivamente legata alla pratica fatta sul campo, nelle redazioni, per certi versi palestre formidabili di formazione. Oggi invece l'accesso alla professione è molto legato alla preparazione accademica, grazie al contributo delle scuole, che hanno raggiunto, d'intesa con l'Ordine dei Giornalisti, un elevato livello di qualità formativa. Posso dire con soddisfazione che nel Lazio, qui a Roma, abbiamo due scuole di giornalismo molto qualificate.

Il ruolo dell'Università e di una università romana come la vostra è fondamentale. Lo dico da Presidente dell'Ordine di Roma, nella consapevolezza della percezione che San Josemaría Escrivá aveva di Roma e la descriveva, emozionato, affacciandosi dal terrazzo della sua

[3] Giornalista professionista dal 1990. Caposervizio all'ufficio centrale del "Corriere dello Sport", quotidiano per il quale ha seguito quattro Mondiali e due Europei di calcio; da oltre 30 anni scrive dei principali avvenimenti calcistici. Già segretario del Consiglio Nazionale dell'Ordine dei Giornalisti. Da novembre 2021 è presidente dell'Ordine dei Giornalisti del Lazio.

prima dimora romana, come ce lo racconta Pilar Urbano nella celebre biografia "Escrivá romano". "La fiducia nei media", recita il titolo del Vostro convegno, nasce dalla cura del rapporto, invisibile ma reale e concretamente percepibile con ogni singola persona: quando cioè ogni singolo lettore o ascoltatore sente che ci stiamo rivolgendo a lui e con lui ci mettiamo in dialogo. La fiducia, in definitiva, non è una conseguenza dello share, e nemmeno dell'audience: che paradossalmente, ma veritieramente, sono spesso a essa inversamente proporzionali.

Così, a volte, quanto maggiore è il sensazionalismo, tanto più alta è l'audience: ma dura poco. È come costruire sulla sabbia, esposti alle maree e ai moti d'umore della opinione pubblica, che cambiano come il vento. E incapaci, all'orizzonte del medio e lungo periodo, di conservare, direi di fidelizzare, i nostri lettori e ascoltatori. La fiducia, in sintesi, non si misura con i numeri. Ma configura uno stile. È qualità, non quantità. Poiché senza la qualità si ottiene, ma non si mantiene la quantità.

"Non vi nascondo – diceva San Josemaría con la franchezza che lo distingueva – non vi nascondo che mi disgusta il sensazionalismo di certi giornalisti, che dicono la verità solo a metà. Informare non vuol dire fermarsi a mezza strada fra la verità e la menzogna. Questo non è né informazione né moralità, e non meritano il nome di giornalisti quelli che mescolano poche mezze verità con tante falsità o addirittura con calunnie premeditate". Vi devo dire, aggiungeva con humour – nemmeno questo gli mancava – che in fondo, per quanto riguarda me personalmente, questi pseudo-giornalisti ci guadagnano: perché non passa giorno senza che preghi con affetto per loro, chiedendo al Signore di rischiarare la loro coscienza".

C'è un ulteriore aspetto del suo insegnamento, che come Presidente dell'Ordine voglio richiamare, poiché appare strettamente correlato al tema del convegno e all'articolo 21 della nostra Costituzione: quindi alla missione stessa dell'Ordine che ho l'onore di presiedere. La buona informazione è di supporto alla società democratica, poiché cura la trasparenza del legame sociale e ne struttura la tenuta: fondata sulla solidità e sulla verità fattuale delle informazioni condivise. Il rispetto dell'articolo 21 è alla base della nostra professione, l'alimenta e la protegge. "Informate con i fatti, con i risultati, senza giudicare le intenzioni, considerando con obiettività la legittima diversità di opinioni, senza scendere all'attacco personale. È difficile che ci sia vera convivenza là dove manca la vera informazione; e la vera informazione è quella che non ha paura della verità e non si lascia guidare da interessi di potere, di falso prestigio o di lucro".

Parole di Escrivá che come Presidente dell'Ordine faccio mie e mi permetto di riassumere in una parola: deontologia. Deontologia: il fine dell'Ordine e la sua ragion d'essere. Un dovere per ogni giornalista, quello di rispettare le carte deontologiche. Come deve essere un impegno quello di offrire ai lettori e agli ascoltatori una informazione di qualità. Perché saremo sempre più credibili se dimostreremo di aver studiato prima di scrivere.

I.
LA FATICA DELL'INCONTRO
E DELL'ASCOLTO

Nataša Govekar[1]
Dicastero per la Comunicazione

Vorrei offrire un contributo sulla fiducia nel giornalismo, partendo dalla cronaca e da alcuni degli ultimi messaggi che Papa Francesco ha indirizzato ai giornalisti.

Cominciamo dalla cronaca. Stiamo assistendo ad una guerra. Non solo in diretta TV, non solo "live" sui social, ma una guerra che ci è prossima quanto ci sono

---

[1] In seguito al dottorato con una tesi su "La comunicazione della fede attraverso le immagini", si è occupata del rapporto tra arte e fede, di arte liturgica e della modalità di comunicazione spirituale attraverso l'arte e il linguaggio simbolico. Dal 2016 lavora al Dicastero per la Comunicazione come direttore della Direzione Teologico-Pastorale. Fa parte della Commissione di Comunicazione per il Sinodo sulla sinodalità.

prossimi quei milioni di profughi che portano in mezzo a noi le loro storie.

È la prima guerra che si comunica innanzitutto sui social: dopo meno di 2 settimane si registravano già più di 26 miliardi di visualizzazioni di video con hashtag #Ucraine.

È probabilmente la prima guerra che si combatte anche sui social – da una parte e dall'altra si arruolano gli *influencer*: chi per denunciare ciò che vede con i propri occhi e registra con il proprio telefonino, chi per diffondere una lettura completamente diversa da quanto denunciato dai primi.

Anche per noi, pur osservando il tutto da quella che ci pare una "distanza di sicurezza", è umanamente difficile, se non impossibile, non entrare nella logica amici-nemici. A furia di seguire la cronaca, si finisce per forza a ragionare in termini di vittoria degli uni e sconfitta degli altri. Dimenticando che la guerra è essa stessa una sconfitta.

Per quanto si cerchi di prestare attenzione prima di condividere informazioni e opinioni sui social media (incluse le chat di Whatsapp e simili), le nostre conversazioni sono, nel migliore dei casi, solo una raccolta di semplificazioni che al rumore delle armi aggiungono altro chiasso. Ma anche questo chiasso non fa altro che aumentare la logica guerresca del "nemico" da odiare.

Non se la cava molto meglio nemmeno l'informazione dominante sui giornali, alla radio e alla televisione. Anche rappresentanti istituzionali e personalità di rilievo in cui riponiamo la nostra fiducia non sono esenti dallo sguardo parziale che plasma una narrazione ufficiale sulla guerra e sui suoi protagonisti in funzione di una determinata identità di gruppo.

In questo contesto che rende più che mai prezioso il lavoro dei giornalisti, anche le parole del Pontefice ci aiutano a riflettere sulla fiducia nel giornalismo.

Dopo la preghiera dell'Angelus il 6 marzo 2022, durante il suo forte appello per fermare la guerra in Ucraina, Papa Francesco ha personalmente ringraziato i giornalisti: *"Vorrei ringraziare anche le giornaliste e i giornalisti che per garantire l'informazione mettono a rischio la propria vita. Grazie, fratelli e sorelle, per questo vostro servizio! Un servizio che ci permette di essere vicini al dramma di quella popolazione e ci permette di valutare la crudeltà di una guerra".*

Questo "grazie" il Papa lo aveva già detto altre volte, molto esplicitamente anche nel suo Messaggio per la Giornata Mondiale delle Comunicazioni sociali del 2021: *"Anche il giornalismo, come racconto della realtà, richiede la capacità di andare laddove nessuno va (...) Dobbiamo dire grazie al coraggio e all'impegno di tanti professionisti — giornalisti, cineoperatori, montatori, registi che spesso lavorano correndo grandi rischi — se oggi conosciamo, ad esempio, la condizione difficile delle minoranze perseguitate in varie parti del mondo; se molti soprusi e ingiustizie contro i poveri e contro il creato sono stati denunciati; se tante guerre dimen-*

ticate sono state raccontate. Sarebbe una perdita non solo per l'informazione, ma per tutta la società e per la democrazia se queste voci venissero meno: un impoverimento per la nostra umanità."

Nel ringraziare i giornalisti il 6 marzo, il Papa ha ricordato un tratto molto importante di questo lavoro: *un servizio che ci permette di essere vicini.* Lo sappiamo, fin dai suoi discorsi ancora da cardinale a Buenos Aires, che per Francesco la comunicazione ha a che fare con la prossimità. Non è solo una trasmissione di informazioni. Comunicare è molto di più: comunicare è stabilire relazioni, è essere *con. "La prima cosa, nella comunicazione con l'altro, è la capacità del cuore che rende possibile la prossimità"*[2]. Non c'è comunicazione senza la verità di un incontro. *"Non si comunica solo con le parole, ma con gli occhi, con il tono della voce, con i gesti"*[3]. Per questo, nel Messaggio del 2021, Francesco ha invitato i giornalisti ad *andare a vedere, consumare le suole delle scarpe, incontrare le persone dove e come sono, verificare de visu le situazioni.* Per incoraggiare loro e tutti noi ad aprirci all'incontro e non rimanere solo spettatori esterni.

Non si è più obiettivi perché si rimane spettatori esterni. Anzi, si potrebbe quasi dire che non solo vanno consumate le suole delle scarpe, ma – per poter essere obiettivi nel racconto sugli altri – bisognerebbe aver persino camminato nelle loro scarpe, se parafrasiamo il pro-

---

[2] Cfr. *Evangeli Gaudium*, 171, ripreso nel *Messaggio per la 50° Giornata mondiale delle Comunicazioni sociali*, 24-01-2016.
[3] Francesco, *Messaggio per la 55° Giornata mondiale delle Comunicazioni sociali*, 23-01-2021.

verbio del popolo *sioux* ("*Prima di giudicare una persona cammina nei suoi mocassini per tre lune*").

È proprio la fatica dell'incontro che ci libera dai pregiudizi. E questo vale anche per il lavoro del giornalista. Nel suo Messaggio di quest'anno il Papa ha aggiunto all'invito ad andare e vedere quello di ascoltare: "*Non si comunica se non si è prima ascoltato e non si fa buon giornalismo senza la capacità di ascoltare. Per offrire un'informazione solida, equilibrata e completa è necessario aver ascoltato a lungo. Per raccontare un evento o descrivere una realtà in un reportage è essenziale aver saputo ascoltare, disposti anche a cambiare idea, a modificare le proprie ipotesi di partenza*".

"Non bisogna fermarsi alla prima osteria" – come insegnano gli esperti del mestiere – ma ascoltare più fonti è ciò che assicura affidabilità e serietà alle informazioni che trasmettiamo.

Il Papa lo ha detto anche del suo Discorso per la premiazione dei due vaticanisti, Valentina Alazraki e Philip Pullella, il 13 novembre 2021: "*Ascoltare, per un giornalista, significa avere la pazienza di incontrare a tu per tu le persone da intervistare, i protagonisti delle storie che si raccontano, le fonti da cui ricevere notizie. Ascoltare va sempre di pari passo con il vedere, con l'esserci: certe sfumature, sensazioni, descrizioni a tutto tondo possono essere trasmesse ai lettori, ascoltatori e spettatori soltanto se il giornalista ha ascoltato e ha visto di persona. Questo significa sottrarsi (…) alla tirannia dell'essere sempre online, sui social, sul web. Il buon giornalismo dell'ascoltare e del vedere ha bisogno di tempo.*

Non tutto può essere raccontato attraverso le email, il telefono, o uno schermo".

Che cosa può offrire in più il giornalista rispetto a ciò che già trova nel web, si è chiesto il Papa durante questo discorso, e la sua risposta era "approfondimento": *"Nel tempo in cui milioni di informazioni sono disponibili in rete e molte persone si informano e formano le loro opinioni sui social media, dove talvolta prevale purtroppo la logica della semplificazione e della contrapposizione, il contributo più importante che può dare il buon giornalismo è quello dell'approfondimento. Potete offrire il contesto, i precedenti, delle chiavi di lettura che aiutino a situare il fatto accaduto"*[4].

A questi messaggi esplicitamente rivolti ai giornalisti oserei, visto che ci troviamo in un'Università Pontificia, aggiungerne un altro che è rivolto a tutti noi: *pregare*.

Pregare non significa rimandare il problema ad una sfera fuori dal mondo. Pregare è necessario proprio per riuscire a stare nella realtà senza esserne incattiviti.

La verità è che noi non riusciamo a stare di fronte al male senza rimanerne coinvolti.

L'unico modo è attingere a quella Luce che illumina anche le tenebre.

Bisogna pregare per "non mettere sé stessi in primo piano, né tantomeno ergersi a giudici, ma lasciarsi colpire e talvolta ferire dalle storie che incontriamo, per poterle narrare con umiltà ai nostri lettori"[5].

[4] Francesco, *Discorso al Conferimento delle Insegne di Cavaliere e Dama di Gran croce dell'Ordine Piano al Sig. Philip Pullella e alla Sig.ra Valentina Alazraki*, 13-11-2021.
[5] *Ibidem.*

E durante l'omelia del 12 marzo 2022 nella Chiesa del Gesù ci ha invitati tutti a fare un esame di coscienza sulla preghiera: *"Un dramma del nostro tempo è chiudere gli occhi sulla realtà e girarsi dall'altra parte". (…) Invece pregare è trasformare la realtà. È una missione attiva, un'intercessione continua. Non è distanza dal mondo, ma cambiamento del mondo. Pregare è portare il palpito della cronaca a Dio perché il suo sguardo si spalanchi sulla storia. (…) E ci farà bene oggi domandarci se la preghiera (…) getta una luce nuova sulle persone e trasfigura le situazioni. Perché se la preghiera è viva, "scardina dentro", (…), provoca continuamente a lasciarci inquietare dal grido sofferente del mondo. Chiediamoci: come stiamo portando nella preghiera la guerra in corso?".*

Solo così – "portando nella preghiera la guerra in corso", "portando il palpito della cronaca a Dio", – riusciamo ad imparare uno sguardo contemplativo per avere delle chiavi di lettura più profonda.

Avere uno sguardo contemplativo significa rinunciare a tirare Dio da questa o da quella parte, ma porsi piuttosto una domanda: "In questa situazione che cosa sta succedendo tra me e Dio, tra l'umanità e Dio…".

La domanda non avrà risposte immediate, ma aiuterà a intuire che Dio sta piangendo con chi piange, soffrendo con chi soffre; perché Dio è Padre e piange le lacrime dei propri figli.

Chi porta il palpito della cronaca a Dio, riesce a scoprire dove, anche in mezzo alla guerra, si nasconde Cristo, riesce a trovarlo e riconoscerlo in tutti i "poveri cristi", e riesce anche a contemplare fin da ora, tra le rovine della testardaggine umana, il germoglio di un mondo nuovo…

II.
LA RIVINCITA DEL GIORNALISMO
ALLA PROVA DEL COVID

Mario Morcellini[1]
Fondazione Roma Sapienza

Il titolo della giornata di studio chiama correttamente in causa l'importante e inderogabile funzione di "accompagnamento" e "cura della relazione" assolta dal giornalismo e dai media nei confronti degli individui e delle società.

[1] Direttore dell'Alta Scuola di Comunicazione e media digitali Unitelma Sapienza e presidente del Consiglio scientifico della Fondazione Roma Sapienza. Presidente onorario della Conferenza Nazionale dei Presidi e Direttori di Corsi in Scienze della Comunicazione e, dal 2003, Portavoce dell'Interconferenza nazionale dei Dipartimenti. Commissario dell'Autorità per le garanzie nelle comunicazioni (Agcom) dal 2016 al 2020; presidente del Comitato di Controllo e Corporate Governance di AUDITEL dal 2015 al 2020. Periodo nel quale è stato portavoce del Rettore e consigliere alla Comunicazione di Sapienza Università di Roma.

Ebbene, lungo i tornanti della pandemia abbiamo ascoltato molte polemiche su come la comunicazione ha affrontato l'emergenza. Un buon numero di esse però si sono rivelate abbastanza strumentali e di breve respiro. Trascendendo dalle prove di partigianeria, peraltro insopportabili quando la scommessa diventa la vita e la morte, un bilancio abbreviato somiglierebbe troppo a uno *slogan*. Proviamo allora a condurre un ragionamento che faccia cogliere se la comunicazione durante il Covid non sia stata, anzitutto, migliore di quella che lo scoppio della pandemia ha definitivamente licenziato.

Un'attenta osservazione degli stili comunicativi, partendo dal presupposto che prevedibilmente essi sono ad alto tasso di ridondanza[2], dimostra qualche eccesso di gigantografia della pandemia e un *mix* sempre problematico tra elementi di allarme e capacità di rassicurazione.

Non c'è dubbio sul fatto che in una prima fase abbia dominato nei palinsesti mediali, con prevalenza sostanzialmente "monocratica", il campo semantico dell'*emergenza*, anche quando la trattazione dei temi poteva conoscere una declinazione meno dura, priva di desinenze allarmistiche, o peggio terroristiche. E non si tratta soltanto di riconoscere la *signoria di un solo tema*, la pandemia, che ha indotto alcuni analisti ad osservare la progressiva trasformazione dei *talk* politici in *Covid*

[2] Cfr. un interessante articolo di V. Lombardo, "Coronavirus e comunicazione di crisi: gli errori compiuti e le azioni da intraprendere" in *ManagerItalia*, www.manageritalia.it/it/attualita/comunicazione-coronavirus-errori-e-azioni-da-intraprendere

talk[3]. Occorre piuttosto constatare quanto alla gerarchia delle paure e all'esigenza di rassicurazione propria della maggior parte degli italiani non abbia saputo spesso corrispondere un'offerta informativa di segno opposto, ispirata alla progettualità, alla speranza e all'apertura verso il futuro: un necessario contrappeso emotivo che avrebbe dovuto trovare spazio negli stili e nei contenuti comunicativi per dare respiro a una psicologia collettiva duramente messa alla prova. A fronte di tutto ciò, si capisce meglio quanto può far male, in tempi di crisi, una comunicazione disordinata e sempre esagerata.

Un'attenta analisi dei dati, tuttavia, lascia emergere inequivocabilmente che *gli italiani sono molto cambiati nelle scelte comunicative e, in particolare, in quelle dell'informazione.*

L'impatto modificatore dell'emergenza era ovviamente già chiaro a chi studia eventi eccezionali, dagli attentati terroristici ai terremoti, che comportano nuovi stili di informazione di fronte a eventi imprevisti[4].

Ma anche a chi si è dedicato a queste analisi è sfuggita una radicale differenza, determinata dalla *lunga durata*; abbiamo sempre detto che i media italiani imparavano poco da avvenimenti eccezionali ma dobbiamo ammette-

---

[3] Su questo tema è pertinente il rinvio a G. Simonelli, "Covid talk, l'evoluzione dell'informazione scientifica" in *Formiche.net*, 12-10-2021.
[4] Su questi temi cfr. anzitutto Mario Morcellini (ed), *Torri Crollanti. Comunicazione, media e nuovi terrorismi dopo l'11 settembre*, FrancoAngeli, Milano 2003.

re che si è rivelato molto complesso il racconto delle tante *puntate del telefilm del male*.

Al di là della tendenza alla drammatizzazione sopra segnalata e che ereditiamo a ben vedere dal passato, assemblando i dati sui comportamenti di scelta dei pubblici, dai sondaggi ai report istituzionali, dalle preziose informazioni Auditel a quelle di Confindustria RadioTV[5], agli studi di Ital Communications e quelli del Censis[6], *emergono trend difficili da contestare*. Provando a metterli in ordine prioritario, la sorpresa è *un ritorno alla mediazione giornalistica*[7]. Durante la pandemia al primo posto della gerarchia delle fonti, i tre *media-chiave* stampa, televisione e radio sono tornati al centro delle scelte, e per di più con valori molto significativi (cfr. Figura 1): 38 milioni di italiani si sono fidati risolutamente del *mainstream*[8].

[5] Cfr. lo studio *Impatto Covid-19 sugli ascolti TV in Italia. Anno 2020*, a cura dell'Ufficio Studi CRTV su dati Auditel.
[6] Cfr. *Rapporto Ital Communications-Censis. Disinformazione e fake news durante la pandemia*, Roma 2021.
[7] Sono intervenuto ripetutamente sul tema nella rubrica che firmo per la rivista *Formiche*. Cito in particolare "Mediacovid. Ritorno alla mediazione", in *Formiche*, n.170, giugno 2021 e "Un voto essenzialmente politico", in *Formiche*, n.174, ottobre 2021.
[8] Cfr. *Rapporto Ital Communications-Censis*, cit.

Figura 1: *Fonti di informazione sul Covid utilizzate dagli italiani durante la pandemia*

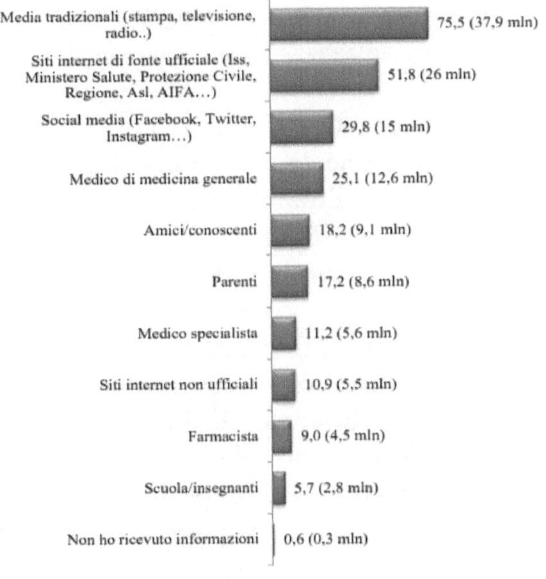

(*) Il totale non è uguale a 100 perché erano possibili più risposte

Fonte: *Indagine Censis 2021*

Tutti i media che hanno accompagnato i loro pubblici con questo prezioso *esercizio di prossimità*, dai giornali alle tv, dalla radio all'informazione locale, hanno conosciuto incrementi di rilevanza in termini di *economia dell'attenzione* e soprattutto di credibilità percepita. In questo contesto, occorre tener conto di un aumento di responsabilità degli OTT lungo la crisi, fatta anche di reindirizzamento alle fonti istituzionali e di contrasto alle *fake*. Che la patologia della disinformazione acuisca i suoi effetti in corrispondenza di fasi di criticità e alterazione della regolarità sociale è fenomeno non nuovo, e tuttavia non c'è dubbio sul fatto che i cittadini italiani mostrino da anni, anche in relazione al contesto europeo, un'apprezzabile consapevolezza.

Ma la vera sorpresa è altrove; persino chi seguiva con pessimismo l'evoluzione dei mondi digitali, che sembrava quasi saturare ogni altra fonte informativa, scorge che gli utenti hanno spesso stipulato un *armistizio con i social* a partire dal tempo dedicato e dal diminuito dividendo di credibilità e fiducia nei contenuti (cfr. Figura 2). Osservando la dinamica tra fruizione delle fonti e indice di affidabilità percepita, si nota che le informazioni rese dai siti istituzionali sono diventate finalmente adulte e competitive, se si pensa che prima del Covid questa variabile addirittura non figurava nelle mappe dei nuovi comportamenti. L'interpretazione di queste tendenze dice almeno due promettenti novità: le emergenze possono cambiarci e, addirittura, migliorarci.

Figura 2: *Fonti che gli Italiani preferiscono utilizzare quando cercano informazioni su un evento*

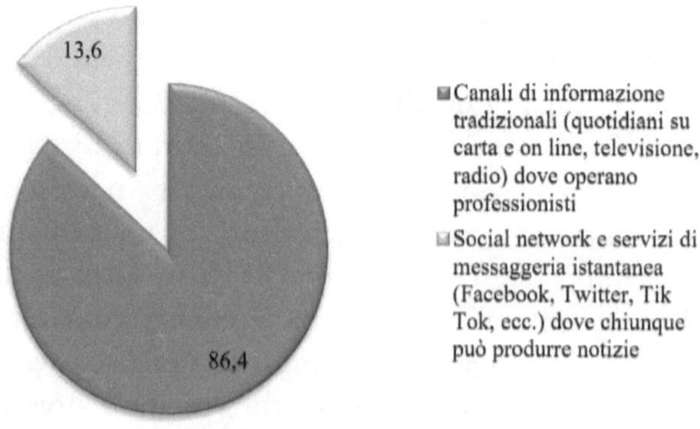

Fonte: *Indagine Censis 2021*

Un'ulteriore novità riguarda l'elaborazione dell'insicurezza; essa ha certamente variegato i comportamenti di scelta recuperando media che sembravano sul viale del tramonto, ma continuando un lavoro di innovazione e mix tra messaggi comunicativi e modalità di consumo *streaming* che indica un fenomeno di radicale trasformazione del peso dei contenuti, anzitutto televisivi. Durante il Covid essi hanno letteralmente modificato il mercato, segnalando itinerari e comportamenti che rappresentano un vero e proprio *passaggio al futuro*.

Ecco perché, la riflessione qui proposta legittimamente ambisce a valere anche oltre la fase congiunturale. Tutte le analisi sembrano evidenziare, anzitutto e in modo chiaro, una significativa inversione di un trend che finalmente premia siti istituzionali, informazione e televisione. Quest'ultima si rafforza molto sulla platea *live* ma anche nella sua crescente fruizione *in streaming*, come se questa doppia modalità riunisse le generazioni di fronte a un rinnovato e quasi imprevedibile focolare mediale/digitale. Dunque, c'è stata innovazione su tutta la linea: le fonti primarie di *informazione certificata*, 'strumenti-principe' di un servizio universale forse frettolosamente derubricato nella stagione pre-Covid, sono tornate ad essere in tempo di emergenza sanitaria insostituibile riferimento di affidabilità. Per non parlare della radio che, pur rimanendo apparentemente indietro dal punto di vista dell'audience, come sempre in Italia, ottiene il clamoroso primato di essere la scelta informativa che raddoppia l'indice di consumo dal punto di vista dell'affidabilità riconosciuta al mezzo.

La necessità di assumere un atteggiamento di cautela, non sopravvalutando dati riferiti a una *condizione umana* dei pubblici iperstimolata dall'insicurezza e dalla paura, è ovviamente chiara al ricercatore. Ciononostante, dati e linee di tendenza inducono ad individuare cambiamenti non connotabili come semplici e transitorie scelte d'emergenza. È singolare annotare che questo trend è segnalato da tanti centri di ricerca, ma ha trovato ulteriori attestati empirici nella Relazione annuale Auditel 2021, poi integrata dal 4° Rapporto Auditel-Censis, dal 17° Rapporto Censis sulla Comunicazione e dal 55° Rapporto Censis sulla situazione sociale del Paese[9].

Sulla base di questi studi, la riflessione fin qui condotta assume un particolare significato per il pluralismo dell'informazione. In tempi di progressiva affermazione degli Over The Top, che si è rivelata contestuale alla moltiplicazione delle forme di disinformazione e *fake news*, si può capire *l'essenzialità di un servizio universale* perché ogni altra scelta strategica avrebbe rappresentato una vera e propria dimissione rispetto all'invasiva dominazione degli immaginari da parte dei grandi players internazionali.

Per il momento, occorre dichiarare che *la dimissione non c'è stata*. Una strada è stata dunque tracciata: il Covid si è presentato ai moderni con la drammatica forza di un inatteso "esperimento sociale e comunicativo"[10]

---

[9] *55° Rapporto Censis sulla situazione sociale del paese*, FrancoAngeli, Roma 2021.
[10] Il riferimento dovuto va a Elke Van Hoof che, forse per prima, ha parlato del Coronavirus e in particolar modo del lockdown come del

modificando scelte, tendenze e stili di consumo mediale che apparivano irrevocabili. Ora abbiamo imparato che conclusioni affrettate e trend trionfalistici possono essere non rovesciati, ma certamente corretti.

La stagione che abbiamo vissuto, tratteggiandola tenendo conto degli elementi di ricerca chiamati in causa, ha indiscutibilmente messo in evidenza un giornalismo che, almeno in questa prova, ha saputo *prendersi cura*. Ciò è avvenuto perché sono cambiate le priorità di scelte ispirate alla *routine* da parte dei pubblici, segnalando dunque che essi non sono – come spesso assumiamo – una massa di spettatori, ma soggetti disponibili a porsi come comunità, capace di stimolare il cambiamento dell'offerta e ponendosi come *interlocutori* non solo in ascolto. È un dato importante nella storia italiana dei media, poiché può incrociarsi con quanto di meglio possiamo attenderci dalla comunicazione digitale che, in forza della sua empatia interattiva, potrà ulteriormente accorciare le distanze tra il sistema informativo e le risposte dei pubblici.

"più grande esperimento psicologico del mondo" (cfr. E. Van Hoof, "Lockdown is the world's biggest psychological experiment - and we will pay the price", *World Economic Forum*, 9 aprile 2020: CO-VID lockdown is world's biggest psychological experiment | World Economic Forum (weforum.org). Una discussione sul tema anche nell'"Introduzione" di D. Salzano e I. Scognamiglio a AA.VV., *Voci nel silenzio. La comunicazione al tempo del Coronavirus*, FrancoAngeli, Milano 2020.

III.
EPOCALIZZAZIONE DEL PRESENTE E "ACCELERAZIONI" DEI MEDIA

Antonio Pavolini[1]
Analista dell'industria dei media

Negli ultimi anni sono molte le patologie che sono state diagnosticate all'industria dell'informazione, spesso con nomi e formule molto suggestive: le fast news, l'informazione spazzatura, l'informazione urlata, la polarizzazione, il clickbaiting, tutti fenomeni che avrebbero incrinato il meccanismo di fiducia tra fruitore e professionista dei media.

---

[1] Analista dei media impegnato da molti anni nell'esplorazione dei nuovi trend e modelli di business della transizione digitale. Collabora con università ed enti di ricerca internazionali. Ha pubblicato *Unframing - Perché dobbiamo difenderci da chi può stabilire cosa è rilevante per noi* (Ledizioni, 2022), *Oltre il Rumore - Perché non dobbiamo farci raccontare internet dai giornali e dalla TV* (Informant/Ledizioni, 2016). È tra gli autori di *Connecting television, la televisione al tempo di Internet* (Guerini e Associati, 2012).

Quasi tutte queste malattie, in realtà, hanno una radice comune, molto sottovalutata, che riguarda la fonte dei ricavi dell'industria. Ormai da decenni il modello economico dei media non premia più, in prima battuta, la qualità del contenuto, ma la capacità del contenuto di presidiare la nostra attenzione. Di tenere i nostri occhi vicini alle inserzioni pubblicitarie o comunque chiusi in una piattaforma dove i nostri dati possano essere liberati e ceduti agli inserzionisti.

La tipologia di contenuto in grado di garantire questo processo di creazione di ricavi è estranea al giornalismo. Non è quasi mai una notizia, e non è quasi mai uno strumento in grado di aiutarci a comprendere e interpretare la realtà. Quasi sempre non è informazione, è infotainment.

Proprio per questo, quando vengo coinvolto sul tema del "rapporto di fiducia" con i consumatori di notizie, non posso che partire dalla premessa che il capitale di affidabilità su cui per anni questa industria ha potuto contare si sta rapidamente esaurendo, anche se in pochi sembrano rendersene conto. E sta accadendo in un modo così inesorabile e costante, da far sì che oggi molti professionisti dell'informazione ancora si stupiscano del fatto che milioni di persone preferiscano informarsi altrove. A volte in modo consapevole e strutturato: per esempio consultando dati e fonti dirette, e trovando in rete strumenti sempre più efficaci per interpretare gli uni e le altre. Ma molto più spesso, con effetti deleteri, semplicemente "cibandosi" di qualsiasi altra pietanza che si ritrovano nel piatto. E come sempre accade quando il sapore dei cibi diventa indistinguibile, la funzione residua del cibo è che riempia la pancia.

È molto difficile parlare quindi, oggi, della fiducia dei lettori, dei telespettatori, dei radioascoltatori, quando è cambiata la promessa stessa che viene fatta ai consumatori: essere intrattenuti, avere lo stomaco pieno, al massimo essere consapevoli dei temi stabiliti come "rilevanti", e dei palcoscenici su cui andrà in scena lo spettacolo. Sarà su quei temi e su quei palcoscenici che le persone dovranno aggiornarsi per poter essere competitivi nell'arena succedanea, quella dei social media, dove l'unica dimensione sociale riconosciuta al contenuto è la dimensione performativa, che obbedisce a una precisa esigenza:

> Rimarrò imprigionato su quella piattaforma, liberando i miei dati, perché dovrò dire cosa penso del fatto del giorno stabilito da altri, non da me, e avendo come riferimento non delle notizie, o degli strumenti per capire cosa è accaduto, ma degli argomenti precotti al microonde da utilizzare nella discussione, su base strettamente identitaria. Per avere ragione, per ribadire la mia opinione disinformata su un fatto che, probabilmente, non è nemmeno così rilevante per me. Ma che mi permette di essere competitivo alla luce di ciò che è rimasta la mia ultima fonte di appagamento. Non "capire", ma avere la sensazione di aver vinto la mia piccola battaglia quotidiana.

I media, sia quelli vecchi, sia quelli nuovi, hanno compreso perfettamente questa esigenza, e quale tipo di contenuto può soddisfarla. Per questo, cavalcano il nuovo trend comportamentale fino al parossismo. Il risultato è che la redazione di un talk show in prima serata potrà avere bisogno di un negazionista dei campi di sterminio da contrapporre a una personalità come Liliana Segre. Oppure di un terrapiattista che discuta dottamente col premio *Nobel* Giorgio Parisi. In questo modo l'industria consegue la polarizzazione di cui si nutre, e pazienza se avremo dato cittadinanza a delle sparute minoranze fino a farle diventare protagoniste del dibattito pubblico. L'importante è vendere riso senza lattosio e bastoncini di pesce.

Una delle formule più efficaci con cui è stata descritta l'attuale fase del dibattito pubblico è stata coniata dal giornalista a scrittore Marco d'Eramo, che parlò di "epocalizzazione del presente". Fino a quando non sono accadute cose davvero epocali, come la pandemia e una nuova, sanguinosa guerra alle porte di casa, fatti che hanno già inciso realmente o comunque incideranno sulla nostra vita quotidiana, i media erano capaci ogni giorno di rappresentarci qualcosa di fintamente epocale.

Quando un drone americano uccise il leader dell'Isis Qasem Soleimani, i nostri principali quotidiani (e non i siti di fake news) non esitarono a titolare a tutta pagina "Terza Guerra Mondiale". E perché lo fecero? Lo fecero perché era una ghiotta occasione di ottenere, anche solo per un breve istante, la nostra attenzione. Oppure per permettere ai talk show serali, spesso organici allo stesso gruppo editoriale, di impostare una discussione sulla Terza Guerra Mondiale. Facendo così andare in *trending topic* l'hashtag #TerzaGuerraMondiale, come è puntualmente avvenuto.

Poco dopo questo episodio esplose la Pandemia, e d'incanto tutti si dimenticarono della Terza Guerra Mondiale. Qualcuno parlò di "irruzione della realtà" nel piano della rappresentazione, una realtà che ci avrebbe fatto aprire gli occhi, e dalla quale saremmo usciti migliori. Forse avremmo potuto davvero uscirne migliori se nel giro di pochi mesi i media non avessero imparato a maneggiare, e a trasformare in uno teatrino polarizzante, in una nuova ruota del criceto, anche quella realtà. Facendo sempre più ricorso alle metafore belliche, il che appare oggi ancora più estraniante, vista la situazione in Ucraina. Ponendo al centro del palcoscenico mediatico nuove guerre private, quelle tra nuovi commilitoni improvvisati e nuovi nemici improvvisati. Virtuosi del lockdown che si trincerano in casa esponendo la bandiera italiana da una parte e, dall'altra parte, runner da fotografare dal balcone e ritrarre sia nel colonnino della cronaca, sia in migliaia di post indignati e virali su Instagram. Fino a spingere alcuni governatori delle regioni, lo ricorderete, a farsi riprendere dai propri social media manager mentre inseguivano i runner nei parchi e sulle spiagge, sicuri non solo di ottenere il record di like e di ricondivisioni, ma anche di vincere qualche apparizione televisiva. Fino a spingere frotte di virologi ad azzuffarsi nei talk show, dilapidando anni di quella fiducia che tutto sommato la maggior parte delle persone riponevano ancora nella scienza. La famosa "scienza che è una sola", la scienza che considera sacro il dubbio, non quella che sforna a comando certezze da contrapporre nell'arena. Ma si sa, i dubbi, sui mezzi di informazione, non funzionano. Ancorché scientifici i dubbi non vendono, evidentemente, bastoncini di pesce.

E poi di nuovo, all'apparizione sulla scena del vaccino, concentrando tutto il dibattito nella contrapposizione tra pro vax e no vax: perché anche in quel caso poche cose come il metterci gli uni contro gli altri avrebbero funzionato perfettamente: sia per vendere bastoncini di pesce, sia per distrarci rispetto a qualche altro aspetto che magari non ha perfettamente funzionato nella gestione della pandemia. A proposito di notizie rilevanti per le persone. A proposito di "conoscere per deliberare", come predicava Luigi Einaudi, uno statista che difficilmente si sarebbe prestato a questo gioco.

Ecco, tornando all'epocalizzazione del presente. Quando scoppia una vera guerra a soli 700 chilometri da noi, che proprio perché è una guerra vera richiede una particolare attenzione nell'uso delle parole, forse dovremmo renderci conto di quanto possa essere profondamente deleterio agganciarsi senza alcuno scrupolo, senza il minimo senso di responsabilità alla *buzzword*, parola del giorno. Una parola "risonante" come è stata solo qualche settimana fa la parola "nucleare", in un momento in cui chi l'avesse pronunciata per primo avrebbe sicuramente guadagnato un titolo di giornale. Una parola che, in questa gara tra centometristi dell'irresponsabilità, può serenamente essere utilizzata a sproposito pur di arrivare per primi, come ha fatto un ministro francese definendo il sistema finanziario SWIFT "l'arma finanziaria nucleare" contro Putin, subito premiato dalle prime pagine di tutto il mondo. Forse Putin non aspettava altro per legittimare la sua decisione, ovviamente sciagurata ma mediaticamente efficace, di mettere le proprie forze di deterrenza nucleare in condizione di piena operatività.

Per questo la sensazione, netta, è quella di trovarsi di fronte, stavolta, a una guerra indubbiamente reale, ma sicuramente e irresponsabilmente accelerata dai media. Non solo nella narrazione, ma anche nelle aspettative del pubblico, e quindi proprio nelle conseguenze pratiche. La corsa al rilancio più alto, al titolo più urlato, alla notizia più rumorosa per contendere la nostra attenzione, e riscuotere le relative rendite di visibilità, ha per effetto quello di determinare precise scelte politiche e precise conseguenze politiche.

Naturalmente, in tutto questo, non esiste alcuno spazio per cercare di capire – per esempio – come mai è scoppiata questa guerra. Come sempre, del resto, in tempo di guerra anche nelle democrazie più avanzate è ritenuto inopportuno porsi delle domande. Siamo tutti "embedded", da una parte e dall'altra, anche dalla parte dei "giusti", di quelli che per fortuna possono godere della libertà d'espressione. E la prova è che se proprio vorrai guadagnarti il diritto a porre qualche domanda, ti sentirai sempre obbligato a premettere l'ovvio, e cioè che sei dalla parte degli Ucraini, un Paese sovrano barbaramente aggredito. Ma spesso non sarà sufficiente: solo per aver posto la domanda sarai immediatamente additato come filo-Putin, e per estensione probabilmente anche no vax. E poco importa se sarai stato tra i primi a vaccinarti fino alla terza dose o se chi ti accusa magari lavora per un gruppo editoriale che ha ospitato per diversi anni gli inserti a pagamento della più sofisticata propaganda putiniana.

Ma questo forse è il minore dei problemi. Il grande problema è che se le uniche due opinioni che hanno cittadinanza sui nostri media, e parlo dei media più quotati e più ufficiali, sono sempre le posizioni estreme, non avremo mai spazio per un vero dibattito. E nemmeno per una fantomatica "fiducia" nei mezzi d'informazione. Perché di sicuro non è di questi media che ha bisogno una società democratica.

IV.
POLARIZZAZIONE E FIDUCIA
NEI MEDIA INFORMATIVI ITALIANI:
UN CONFRONTO INTERNAZIONALE

Alessio Cornia[1]
Dublin City University (DCU),
Reuters Institute (Università di Oxford)

Tra le tante sfide che stanno affrontando i media informativi italiani, il calo della fiducia che il pubblico ripone nella credibilità delle notizie e nell'integrità del lavoro giornalistico è sicuramente uno degli aspetti più problematici. Tradizionalmente, le testate giornalistiche italiane, descritte nella maggior parte delle analisi nazionali ed

[1] PhD, è Assistant Professor a Dublin City University (dove dirige il Master in 'Social Media Communications' e quello in 'Political Communication') e ricercatore associato presso il Reuters Institute dell'Università di Oxford. Si occupa di ricerca comparativa su media e politica, giornalismo online, social media, e copertura giornalistica della corruzione.

internazionali come caratterizzate da una forte partigianeria politica, conflitti di interessi di varia natura, ed una propensione a produrre un prodotto rivolto prevalentemente all'élite degli addetti ai lavori del mondo politico, economico e culturale, sono sempre state caratterizzate da un basso livello di fiducia da parte del pubblico.

All'interno di un panorama mediale frammentato e di una cultura politica spesso descritta come fortemente polarizzata, i lettori e gli spettatori italiani sono sempre stati propensi ad affidarsi a testate informative che rispecchiassero i propri punti di vista. A livello sistemico, questo ha chiaramente contribuito alla bassa fiducia nei media giornalistici, in quanto è sempre stato facile per il lettore di una data testata accorgersi come le altre testate offrissero una visione del mondo – e spesso una narrazione degli eventi – in palese contrasto con quella offerta dai media di riferimento. Esiste dunque una stretta relazione tra l'elevata polarizzazione politica del pubblico, la partigianeria di molte teste informative e la scarsa fiducia di cui queste godono al di fuori dei più o meno ristretto gruppo del loro pubblico di riferimento.

Mi riferirò adesso a recenti studi che ho condotto sulla polarizzazione dei pubblici delle testate informative e ai dati pubblicati nell'ultimo rapporto del Reuters Institute sui cambiamenti nelle abitudini di fruizione informativa per cercare di rispondere alle seguenti domande. I media italiani sono più o meno polarizzati rispetto a quelli di altri paesi? La moltiplicazione delle fonti di informazione online ed il ruolo sempre più rilevante dei social media e dai loro algoritmi portano automaticamente ad un aumento della polarizzazione politica del pubblico? Di quanta fiducia godono i media informativi italiani rispetto a quelli di altri paesi? Per rispondere a queste domande, adotterò un approccio comparativo. Cercherò cioè di concentrarmi su quanto accade in Italia ma – per poter comprendere meglio quali sono i tratti distintivi del rapporto tra pubblico e media informativi nel nostro paese – confronterò il caso italiano con alcuni sviluppi internazionali.

I media italiani sono più o meno polarizzati rispetto a quelli di altri paesi? Questa è la nostra prima domanda. In primo luogo, occorre definire cosa intendiamo per polarizzazione. Il dizionario Treccani definisce la polarizzazione politica come "la marcata tendenza dell'elettorato a concentrare i suffragi su due partiti o gruppi di partiti tra loro contrapposti"[2]. Questa è quella che i politologi considerano come polarizzazione dell'elettorato. Un altro tipo di polarizzazione può interessare i partiti politici, quando per esempio aumenta la divergenza tra le loro posizioni, che diventano sempre più estreme, e diminuisce la loro propensione al dialogo ed al compromesso. Ma ciò che interessa maggiormente in questa sede è la polarizzazione dei pubblici delle testate informative, definita in una ricerca che ho recentemente condotto con colleghi[3] come la misura in cui un dato sistema mediale tende ad avere testate giornalistiche con pubblici forte-

---

[2] https://www.treccani.it/vocabolario/polarizzazione
[3] Fletcher, R., Cornia, A., Nielsen, R.K. (2020) "How Polarized Are Online and Offline News Audiences? A Comparative Analysis of Twelve Countries". *The International Journal of Press/Politics* 25, 169–195. https://doi.org/10.1177/1940161219892768

mente connotati a livello politico. Un sistema mediale fortemente polarizzato, per esempio, avrà testate informative che attraggono quasi esclusivamente persone che votano per partiti conservatori ed altre testate che attraggono prevalentemente pubblici progressisti. È questo il caso, in particolare, dell'Italia, dove i pubblici di testate come *La Repubblica*, *Il Giornale* ed *Il Fatto Quotidiano* tendono ad essere politicamente omogenei nella loro composizione e fortemente differenziati tra una testata e l'altra. Un sistema poco polarizzato, al contrario, sarà principalmente composto da testate informative che si rivolgono a pubblici maggiormente differenziati al loro interno.

Per analizzare il livello di polarizzazione dei sistemi mediali in 12 diversi paesi, nel nostro studio abbiamo impiegato i dati del *Digital News Report* del 2017, un sondaggio sulle abitudini di fruizione mediale dei pubblici in 36 stati[4] realizzato ogni anno dal Reuters Institute. Oltre all'Italia, abbiamo considerato altri paesi mediterranei (Spagna e Francia), alcuni paesi anglofoni (Stati Uniti, Regno Unito, Irlanda e Australia), alcuni paesi dell'Europa del Nord (Finlandia, Olanda e Germania), ed alcuni paesi dell'Europa dell'Est (Polonia e Repubblica Ceca). Per determinare il livello di polarizzazione, abbiamo misurato le propensioni politiche[5] dei pubblici

[4] Newman, N., Fletcher, R., Kalogeropoulos, A., Levy, D., and Nielsen, R.K. (2017*) Reuters Institute Digital News Report 2017*. Oxford: Reuters Institute for the Study of Journalism.
[5] Le propensioni politiche sono state determinate tramite l'autocollocazione politica su un continuum destra-sinistra dichiarata dai partecipanti al sondaggio.

delle maggiori testate in ciascun paese, considerando sia le testate nate online che quelle con un'origine nella carta stampata o nella televisione. Mettendo in relazione l'autocollocazione politica dei partecipanti al sondaggio con le testate informative da loro fruite è stato possibile costruire una misura del livello di polarizzazione per ciascun sistema mediale ed una visualizzazione di questa polarizzazione su un continuum destra-sinistra, sul quale le testate considerate sono posizionate sulla base della composizione politica dei propri pubblici.

Nella Figura 1 sono mostrati tre casi: il caso degli Stati Uniti, che rappresenta un sistema fortemente polarizzato con testate che tendono a posizionarsi verso gli estremi dello spettro politico, il caso della Germania, dove le testate tendono ad avere pubblici più eterogenei o centristi, e dunque sono concentrate attorno al centro dello spettro (caso di polarizzazione ridotta), ed il caso dell'Italia, che presenta livelli di polarizzazione abbastanza elevati, anche se non quanto gli Stati Uniti. La grandezza delle bolle nella figura rappresenta l'ampiezza dei pubblici di ciascuna testata.

Figura 1:
Polarizzazione dei pubblici delle testate informative negli Stati Uniti, Italia e Germania (visualizzazione grafica)

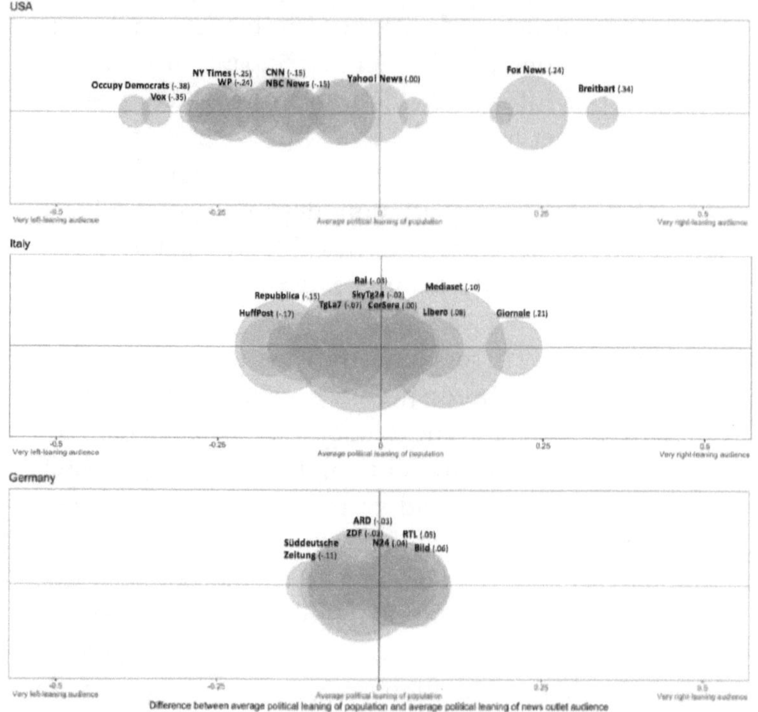

Fonte: *Rielaborazione di dati contenuti in Fletcher, Cornia e Nielsen (2020) (vd. nota 2). I dati si riferiscono sia ad i pubblici delle testate online che di quelle offline. Per ragioni di leggibilità sono forniti a titolo di esempio solo i titoli e il coefficiente di polarizzazione di alcune testate.*

I dati visualizzati nella Figura 1 sono stati sintetizzati in un indicatore che permette di comparare il livello di polarizzazione presente in un numero più elevato di paesi.

Come possiamo vedere nella Figura 2, il sistema mediale di gran lunga più polarizzato è quello degli Stati Uniti. Nonostante questo paese sia stato tradizionalmente considerato un esempio di giornalismo obbiettivo ed ampiamente accessibile, la radicalizzazione del dibattito politico che ha seguito l'elezione di Trump e l'incremento della partigianeria di testate come il NY Times (fortemente schierato contro Trump negli ultimi anni) e Fox News (fortemente schierata a favore di Trump) hanno probabilmente contribuito ad un incremento della separazione politico-ideologica tra i suoi pubblici. A seguire, troviamo il Regno Unito. Anche questo risultato è probabilmente determinato, oltre che dalla tradizionale partigianeria dei suoi giornali, dalla radicalizzazione del dibattito che ha accompagnato la campagna per la Brexit e l'uscita del paese dall'UE.

L'Italia si trova raggruppata con altri paesi mediterranei che sono comunemente considerati caratterizzati da una polarizzazione piuttosto alta, mentre l'Irlanda, la Germania ed altri paesi del Nord Europa, in linea con le aspettative, sono marcati da bassi livelli di polarizzazione. La risposta alla nostra prima domanda, dunque, è che l'Italia ha sicuramente un sistema mediale fortemente polarizzato, anche se non ai livelli degli Stati Uniti e del Regno Unito, dove recenti sviluppi politici hanno contribuito ad un aumento delle divisioni politiche e della radicalizzazione del dibattito pubblico.

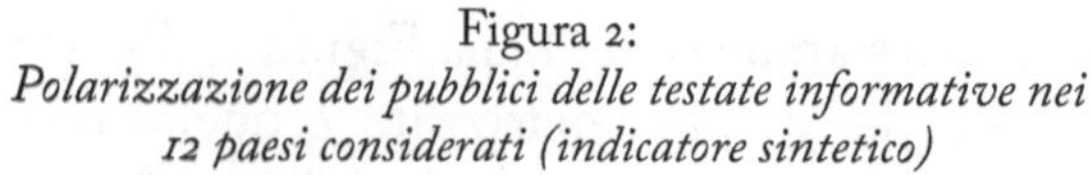

Figura 2:
*Polarizzazione dei pubblici delle testate informative nei
12 paesi considerati (indicatore sintetico)*

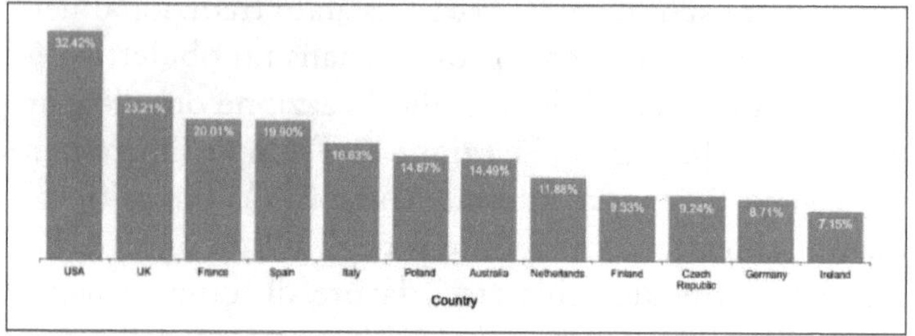

Fonte: *Fletcher, Cornia e Nielsen (2020) (vd. nota 2). I dati si
riferiscono sia ad i pubblici delle testate online che di quelle offline.
La percentuale indica il livello di polarizzazione rispetto ad un massimo
teorico per cui, in un ipotetico sistema mediale dove sono presenti solo due
testate giornalistiche, metà del pubblico si autocolloca a sinistra e fruisce
solamente di una delle due testate, mentre l'altra metà è di destra e fruisce
solamente dell'altra testata.*

*La moltiplicazione delle fonti di informazione online
porta automaticamente ad un aumento della polarizzazione
politica del pubblico?* Alcuni studiosi hanno indicato che
la transizione verso un sistema mediale caratterizzato da
un aumento esponenziale delle fonti informative online e dalla centralità dei social media nelle abitudini di
fruizione informativa può portare alla creazione di *echo
chambers*[6] e *filter bubbles*[7], bolle ideologiche all'interno
dei quali i pubblici sono esposti ad opinioni consonanti
che tendono a rafforzare e radicalizzare le loro precedenti
credenze.

[6] Sunstein, C.R. (2017) *#Republic: Divided Democracy in the Age of
Social* Media. Princeton University Press.
[7] Pariser, E. (2011) *Filter Bubbles: What the Internet is Hiding from You.*
Penguin

Cercando di fornire contenuti per i quali gli utenti hanno già dimostrato un certo gradimento, si ritiene che gli algoritmi dei social media tendino a contribuire ad isolare gli utenti all'interno di queste bolle ideologiche. Questo ha portato diversi osservatori a sostenere che la moltiplicazione delle fonti online ed i social media, di per sé, portino ad un incremento della polarizzazione politica dei pubblici.

L'analisi effettuata nel nostro studio permette di confrontare il livello di polarizzazione dei pubblici delle testate online con quello delle testate fruite offline, fruite cioè in maniera tradizionale leggendo i giornali cartacei o guardando i notiziari televisivi. I risultati mostrano come nella maggior parte dei 12 paesi considerati, i pubblici online sono in effetti maggiormente polarizzati rispetto a quelli offline. Ma questa differenza è molto ridotta, i pubblici online tendono cioè ad essere solo leggermente più connotati ed omogenei rispetto ad i pubblici delle testate offline. Nel caso della Polonia e della Repubblica Ceca, i pubblici offline sono addirittura politicamente più differenziati rispetto ad i pubblici delle testate online.

Questo risultato suggerisce che la polarizzazione dei pubblici online è sicuramente un tema che merita attenzione, ma non può essere considerato come un esito inevitabile ed automatico del processo di digitalizzazione dei sistemi mediali. Il livello di personalizzazione dell'informazione consentito dai processi di selezione automatica operati dagli algoritmi dei social media può sicuramente creare, in alcuni casi, bolle ideologiche all'interno delle quali alcuni utenti possono radicalizzarsi, ma questo processo dipende da una molteplicità di fattori che vanno al di là del livello di sviluppo tecnologico o di uso dei social media in un determinato sistema mediale.

Di quanta fiducia godono i media informativi italiani rispetto a quelli di altri paesi? I dati del *Digital News Report*[8] pubblicato nel 2021 mostrano come la fiducia del pubblico nei confronti delle testate informative sia associata al livello di polarizzazione dei sistemi mediali considerati.

Come possiamo vedere nella Figura 3, i paesi che abbiamo visto essere più polarizzati presentano bassi livelli di fiducia nella credibilità delle notizie. Gli Stati Uniti, infatti, presentano il più basso livello di fiducia tra i 46 paesi considerati nel 2021 (solo il 29% degli intervistati dichiara di fidarsi delle notizie). Bassi livelli di fiducia sono riscontrabili anche in Francia (30%), Gran Bretagna (36%), Spagna (36%) e Italia (40%). Invece, nei paesi nordeuropei, che abbiamo visto essere poco polarizzati, il livello di fiducia tende ad essere maggiore. È questo il caso, per esempio, della Finlandia (65%), dell'Irlanda (53%) e della Germania (53%), dove la maggior parte degli intervistati ha fiducia nelle notizie.

[8] Newman, N., Fletcher, R., Schulz, A., Andi, S., Robertson, C.T. and Nielsen, R.K. (2021*) Reuters Institute Digital News Report 2021*. Oxford: Reuters Institute for the Study of Journalism.

Figura 3:
Fiducia nella credibilità delle notizie in diversi paesi
(% di intervistati che hanno fiducia nelle notizie)

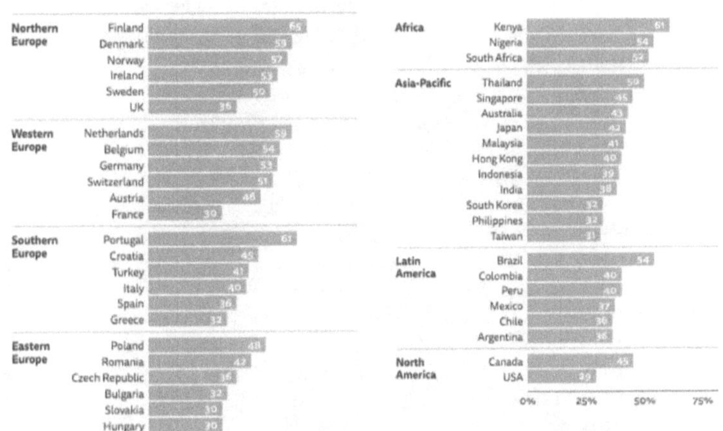

Fonte: *Newman et al. (2021) (vd. Nota 7)*

I dati sulla fiducia riposta in diverse testate giornalistiche italiane, mostrati nella Figura 4, sembrano confermare questa relazione. Sono i media informativi generalmente percepiti come meno "politicizzati", come per esempio l'ANSA, SkyTg24, ed *Il Sole 24 Ore*, a godere di maggior fiducia da parte del pubblico. Al contrario, media normalmente considerati come più schierati o maggiormente influenzati da logiche politiche, come per esempio *Libero*, *Il Giornale* o Porta a Porta, godono della fiducia di una proporzione minore del pubblico italiano.

Figura 4:
Fiducia in alcune testate giornalistiche italiane (% di intervistati che hanno fiducia, sfiducia, o né fiducia né sfiducia nelle testate considerate)

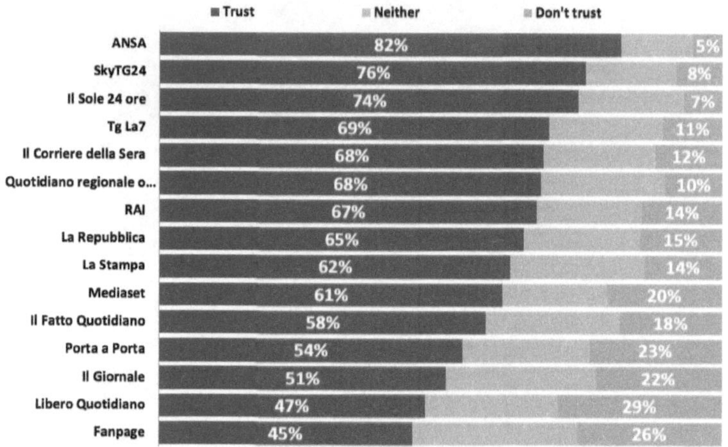

Fonte: Newman et al. (2021) (vd. Nota 7)

Come possono dunque le testate giornalistiche italiane arginare il calo di fiducia da parte del pubblico? Le analisi brevemente illustrate sembrano indicare che il pubblico si aspetta dalle testate informative notizie obiettive, bilanciate e quanto più possibile non schierate. Dati che non è stato possibile includere mostrano che nonostante una fetta minoritaria del pubblico italiano ritenga che il giornalismo debba prendere posizione su alcune questioni chiave, un'ampia maggioranza ritiene invece che i giornalisti debbano essere neutrali e dar voce a diverse parti, lasciando al pubblico decidere quali posizioni sono le migliori.

In un sistema mediale sempre più popolato da fonti online ed offline, distinguersi dai concorrenti è sempre più difficile per una testata giornalistica, e spesso la soluzione perseguita è quella di schierarsi su questioni che il proprio pubblico considera come fondamentali a discapito dell'obiettività. Questo permette di essere rilevanti per un segmento del pubblico politicamente connotato, ma impedisce di ambire ad un pubblico più ampio, oltre che contribuire a mantenere basso il livello generale di fiducia nel lavoro giornalistico. Una minore partigianeria politica, nel lungo periodo, può portare ad un decremento della polarizzazione del pubblico e ad un aumento della fiducia generale nel giornalismo italiano.

V.
I MEDIA FALLISCONO QUANDO DIMENTICANO LE PERSONE

Assunta Corbo[1]
Constructive Network

Il tema della fiducia nei media sta portando, negli ultimi anni, a un flusso di riflessioni interessanti e stimolanti. La sensazione generale è che sia arrivato il momento di occuparsi di questa tematica cercando anche nuove strade percorribili.

La fiducia nei media ha iniziato un lungo e costante calo a partire dagli anni '80-'90. Principalmente le ragioni per cui questo è accaduto sono tre:

[1] Giornalista freelance e autrice. Ha fondato Constructive Network per diffondere il giornalismo costruttivo in Italia. Direttrice di *News48*, la prima testata italiana – indipendente e non profit – che ospita solo storie di soluzioni. Sul suo blog www.assuntacorbo.com riflette sui media con particolare attenzione ai valori umani. Autrice di *Empatia Digitale*, saggio sulla comunicazione sui social media.

- La tecnologia ha creato nuove opportunità e reso il panorama dell'informazione più complesso. Pensiamo al flusso sempre più insistente dei contenuti digitali.
- Sono cadute le regole dell'informazione: oggi parlano tutti e parlano di tutto. Anche in questo caso l'effetto dirompente dei media digitali più recenti ha modificato totalmente il flusso informativo.
- Il marketing ha generato la nascita di nuovi players nell'ambito della comunicazione e dell'informazione che si propongono costantemente come antidoto alla parziale libertà dei media.

Lo scenario che si è venuto a delineare ha determinato un incremento di fonti, formati e storie ma ha altresì generato un calo importante in termini di fiducia e di credibilità nei media. Secondo The Reuters Institute Digital News Report del 2021, la fiducia degli italiani nelle notizie che rintracciano online è del 40% (un dato costante rispetto agli ultimi anni). Questo dato scende al 32% se ci si riferisce alle notizie cercate sui motori di ricerca e al 20% nel caso dei contenuti letti sui social network.

Il contesto è sfidante e le riflessioni sono aperte. La domanda che dobbiamo porci, noi tutti che operiamo nel mondo dell'informazione, è quali siano gli elementi che possano generare fiducia da parte del pubblico nei confronti del nostro lavoro.

Ha provato a dare una risposta un'indagine condotta dal 32 Percent Project dell'Agorà Journalism Center dell'Università dell'Oregon. Lo studio ha delineato i sei fattori critici che le persone ritengono debbano essere presenti per potersi fidare di un canale di informazione di qualsiasi genere.

- **Autenticità**: i partecipanti hanno affermato che tendono a fidarsi dei giornalisti che ammettono di non sapere e non pretendono di offrire la verità assoluta.
- **Trasparenza**: il pubblico ha la necessità di comprendere l'intera storia: andare in profondità nella narrazione del fatto è ciò che viene richiesto. Si tende a non dare fiducia, invece, quando si percepisce un'imposizione di verità senza cura dei dettagli e delle sfumature.
- **Coerenza**: i partecipanti all'indagine hanno evidenziato che sentono la necessità di percepire la correttezza e la coerenza da parte delle istituzioni a cui sono pronti ad affidarsi. Anche nella narrazione dei media, quindi, cercano questo aspetto.
- **Positività**: la costante negatività delle notizie proposte mina la fiducia. Soprattutto quando quello che si legge sui media non corrisponde alla realtà che si vive quotidianamente.
- **Diversità**: i cittadini desiderano specchiarsi nelle notizie. Affinché questo accada è importante garantire il rispetto di tutti gli esseri umani.
- **Missione condivisa**: è forte il desiderio da parte del pubblico di impegnarsi e di sostenere le testate giornalistiche che condividono obiettivi e aspirazioni appartenenti alla comunità.

In questo momento storico, anche alla luce degli eventi mondiali che stanno caratterizzando gli ultimi anni, recuperare la relazione con il nostro pubblico è la sfida a cui siamo chiamati tutti noi. Il percorso per arrivarci deve necessariamente partire da una riflessione sulla fiducia e la sua genesi.

La fiducia arriva alla testa e al cuore. Esiste una parte più razionale e una parte più emotiva. Si arriva alla testa dei lettori con l'impegno rispetto alla verifica delle fonti, alla diffusione di dati contestualizzati, alla scelta di narrare le storie con cura e profondità. Per poter arrivare al cuore, alla parte emotiva del pubblico, non dobbiamo far leva sulle emozioni di pancia come accade spesso nella diffusione di notizie attraverso il digitale. Quello che possiamo, e dobbiamo fare, è lavorare sulla relazione. E in questo senso ci viene in aiuto proprio il mondo digitale che ha generato il calo di fiducia in questi anni. Le persone sono in rete. È lì che dialogano, che cercano le notizie, che si aspettano di capire il mondo. Noi siamo pronti ad ascoltarli? Rispondiamo alle loro sollecitazioni? Ci prendiamo il tempo per intercettare i loro bisogni? È quando attiviamo questo dialogo che favoriamo la costruzione della fiducia.

Questo aspetto richiede, ovviamente, un impegno importante anche da parte del pubblico che va educato. Questa non è più l'era dei lettori e delle lettrici che fruiscono delle notizie in modo passivo. Anche per loro è arrivato il momento di utilizzare lo spirito critico che comporta la scelta delle fonti di informazioni, la verifica delle stesse, la ricerca dell'approfondimento.

Una relazione tutta da costruire utilizzando gli strumenti più immediati che abbiamo a disposizione oggi. Tra questi la narrazione digitale: social network, newsletter personali, blog. È su queste piattaforme che possiamo mettere in circolo i nostri valori, i principi etici che ci appartengono come professionisti, le dinamiche del nostro lavoro. In particolare, il pubblico vuole conoscere come scegliamo le nostre storie e come decidiamo di raccontarle. E si chiedono anche il perché alcune storie non vengono raccontate o perché i media cambiano narrazione.

Siamo nell'era della condivisione ed è questa l'opportunità che abbiamo per costruire una relazione di fiducia con le persone. Se non accogliamo questa sfida corriamo il rischio di essere giudicati secondo pregiudizi e stereotipi che andrebbero, invece, abbattuti. Quando ci raccontiamo con autenticità e onestà nella piazza digitale stiamo offrendo una mano al nostro pubblico e gli stiamo dicendo che siamo pronti ad accogliere le loro domande, i loro dubbi, le loro necessità.

Se questa relazione continua a mancare le persone seguiteranno a trarre le loro conclusioni che, difficilmente, saranno a nostro favore.

Siamo pronti a fare questo passo? È la domanda che dobbiamo porci. Non con l'obiettivo di difendere l'intera industria editoriale ma per offrire la nostra unicità di professionisti che hanno scelto una strada costellata da valori, etica, deontologia, rispetto, empatia. Professionisti che hanno scelto di costruire relazioni.

APPROFONDIMENTI:

32 Percent Project Agorà Journalism Center – University of Oregon
https://agorajournalism.center/research/uo-report-examines-how-journalists-can-regain-public-trust/

The Reuters Institute Digital News Report del 2021
https://reutersinstitute.politics.ox.ac.uk/sites/default/files/2021-06/Digital_News_Report_2021_FINAL.pdf

Villa M., *Il giornalista digitale è uno stinco di santo. 27 virtù da conoscere per sviluppare un comportamento etico*, Palermo, Dario Flaccovio Editore, 2018

Corbo A., *Empatia Digitale. Le parole sono di tutti, il contenuto è tuo*, Milano, Do It Human Editori, 2020

VI.
GIORNALISMO, COSTRUZIONE E MANUTENZIONE DELLE RELAZIONI

Andrea Spinelli Barrile[1]
Slow News

Quando facevo l'università il mio professore Massimo Polidoro, citando James Randi, diceva che "bisogna tenere la mente aperta, ma non troppo sennò il cervello cade per terra". Questo è esattamente l'approccio che il giornalista deve avere non solo sul lavoro ma anche nel contatto con il proprio pubblico, con i propri lettori. Per essere costruttivo il giornalismo ha bisogno di cura e di tempo. Tempo per lavorare, tempo per comprendere, tempo per produrre, tempo per conquistare la fiducia dei

[1] Editor, autore e co-fondatore di Slow News. Scrive soprattutto di Afriche, anche per Il Manifesto, Africa-ExPress, Africa&Affari, Africa Rivista, OG Zero. Autore di Esperanza (2016). Vincitore del Premio Italia Diritti Umani 2017 di Flip e Amnesty International dedicato ad Antonio Russo, e del Premio Letizia Leviti 2020 con il reportage "Ebola, dal letame nascono i fiori" pubblicato su Slow News.

lettori e tempo per mantenerla. In questo senso il tempo è una risorsa preziosa, un bene comune di giornalisti e lettori, ed è su questo piano che si costruisce una relazione duratura basata su valori condivisi e rispetto.

Anna Politkovskaja diceva che "per conquistare la fiducia della gente i sentimenti tiepidi non bastano".

Il sensazionalismo propinato come verità alla propria audience è un fenomeno che però dura poco, che non fidelizza perché è brutto restare delusi: pochi giorni fa un video che mostrava alcuni uomini in mimetica, a volto coperto, di origine africana che parlavano in francese è stato condiviso sui social come "i soldati centrafricani vogliono combattere in Ucraina al fianco della Russia". È venuto fuori, grazie al fact checking, che quelli nel video non sono soldati regolari. Questo fenomeno, che si lega alla velocità e come sottolinea Antonio Pavolini al modello di business quantitativo, si unisce a un altro fenomeno, la polarizzazione, che disgrega le comunità di lettori ma anche quelle di giornalisti. La relazione, infatti, si costruisce in due.

I dati che ha mostrato il professor Morcellini mi hanno sorpreso, se mi fossi trovato in una discussione prima del suo panel mai avrei sostenuto che la televisione resta oggi anche tra i giovani un mezzo molto sfruttato per informarsi, anzi ero proprio convinto del contrario. Questo da un lato mi stimola a non fermarmi sulle mie convinzioni, dall'altro mi fa venire in mente l'importanza di conoscere al meglio il proprio pubblico, sia dal punto di vista di "cosa" vuole che da quello di "come vuole saperlo": non è un aspetto secondario, è la base della relazione giornalista-lettore.

Il digitale ci apre a opportunità enormi da questo punto di vista: i survey online, le newsletter, i gruppi chiusi sui social, le live, le proposte condivise con i lettori, i documenti di lavoro condivisi sono tutti strumenti utili a costruire quella relazione basata sulla fiducia e sul rispetto reciproco, sempre tenendo fede però a quella frase di Randi: mente aperta e occhio al cervello.

Alla base della relazione tra Slow News e il suo pubblico, che è un pubblico pagante e che fa parte di una comunità di lettori che esiste dal 2015, c'è un manifesto, che è un po' una manifestazione di intenti e un po' una carta di valori: il primo punto del manifesto di Slow News dice che noi crediamo che il giornalismo sia un servizio, non un prodotto. I nostri azionisti sono le lettrici e i lettori, che ci finanziano, ci leggono, ci aiutano e ci consigliano.

Siamo convinti che il lavoro vada sempre pagato e per questo garantiamo ai nostri collaboratori, e anche con loro la relazione si basa su fiducia e rispetto, compensi molto più alti rispetto alla media nazionale: posso affermare che, per quanto ne so, in Italia nel mondo del giornalismo non ci sia nessuno che paga quanto Slow News e mi piacerebbe davvero tanto essere smentito su questo punto.

Allo stesso tempo però il giornalismo dà accesso a un diritto, quello di informarsi e di conoscere, e deve quindi essere accessibile anche a chi non può permetterselo: per questo Slow News costa ma quanto lo decide il lettore. Questo significa che può anche costare zero. Il nostro obiettivo è costruire, crescere e vivere un posto dove stare bene con chi ci vuole bene, le nostre lettrici e i nostri lettori, che rendono il nostro lavoro sostenibile e stimolante. A Slow News nessuno è straniero!

Crediamo fortemente in un giornalismo di servizio alle comunità: per questo abbiamo portato avanti progetti europei come *Il Mondo Nuovo* nel 2020 e *A Brave New Europe* nel 2021/2022, entrambi finanziati tramite bandi pubblici (rispettivamente *European Journalism Center* e Commissione europea), che ci hanno permesso di lavorare con tranquillità anche nella costruzione della nostra comunità. A questo modello di business uniamo un modello relazionale che ci pone in ascolto e per questo raccogliamo le domande dei nostri lettori sulle news, cercando di aiutarli a trovare una risposta.

Un altro tassello di questa relazione positiva, per noi, è il Verification Handbook, che abbiamo tradotto due volte. La seconda versione è uscita pochi mesi fa ed è aggiornatissima, uno strumento davvero utile per verificare i contenuti generati dagli utenti sui social e che cerchiamo di far adottare da quanti più colleghi e quante più redazioni possibili. Oggi, con la prima vera guerra documentata interamente sui social e con mille difficoltà per gli operatori dei media internazionali sul posto, è uno strumento fondamentale per non cadere nella propaganda di una o dell'altra parte.

Durante i mesi di lockdown, bloccati in casa, ci siamo chiesti come potevamo renderci utili con la nostra comunità: abbiamo creato delle card, diffuse sui nostri social, con buoni consigli su come "non impazzire" nelle settimane di confinamento, su come confrontarsi con le news e i bollettini quotidiani, su come placare l'ansia generata dalla continua esposizione a notizie tutte uguali, anzi a una notizia (la pandemia in corso) la cui narrazione ne ha moltiplicato gli effetti sul pubblico, spaventandolo, confondendolo. Abbiamo organizzato trasmissioni live sui nostri social con esperti, come psicologi e comunicatori, e lo abbiamo fatto insieme alla nostra comunità di lettori, che ha interagito sempre con noi indicandoci la strada da seguire, i temi da trattare.

Per la guerra in Ucraina abbiamo fatto lo stesso: la continua esposizione alla cronaca di guerra, con notizie che spesso sono sempre la stessa ripetuta N.

VII.
PRIVACY, INFORMAZIONE
E TUTELA DELLA PERSONA

Caterina Malavenda[1]
Avvocato cassazionista

In un convegno dedicato alla qualità e alla responsabilità dell'informazione, all'epoca dei big data e degli algoritmi che li organizzano, non si può che prendere le mosse dal necessario bilanciamento fra i diritti della persona, in particolare quello alla riservatezza e il diritto di

[1] Avvocato cassazionista, penalista, civilista e giornalista pubblicista. Si occupa di problematiche connesse alla informazione e alla professione giornalistica, assistendo da anni organi di stampa di rilevanza nazionale e società radiotelevisive, oltre che testate di minore tiratura, in processi penali e civili. Difende numerosi giornalisti nei procedimenti. Scrive articoli di diritto per testate specializzate e generaliste. Tiene corsi di diritto pubblico, diritto e procedura penale, destinati alla formazione dei giornalisti. Autrice dei volumi *Diritto e processo penale*, *Abuso di mercato e informazione economica*, *Le regole dei giornalisti*.

informare e di essere informati, anche utilizzando dati personali.

Una buona informazione non solo deve dare informazioni vere e seriamente verificate, ma deve aiutare gli utenti a distinguere le news dalle fake news, in un momento in cui le notizie, in particolare ora anche sulla guerra, viaggiano in Internet, spesso sotto forma di immagini, assai più facili da manipolare e decontestualizzare, ma soprattutto in cui i dati delle persone effigiate o raccontate costituiscono il cuore del messaggio veicolato.

Quando i due diritti, privacy e informazione, entrambi costituzionalmente garantiti, vengono a confliggere fra loro, occorre stabilire, caso per caso, quale dei due prevalga e quale sia destinato a soccombere.

È compito del Giudice dirimere il conflitto, di norma conferendo prevalenza al secondo, purché le notizie diffuse siano vere, esposte in forma non gratuitamente offensiva e di interesse pubblico.

È la valutazione dell'interesse pubblico che viene condizionata dalla privacy e dal trattamento dei dati che, secondo la normativa vigente, da poco innovata in sede europea, possono essere utilizzati solo con il consenso del loro titolare, a meno che non siano essenziali per l'informazione che si intende divulgare, assumendo così rilievo per l'opinione pubblica: in questo caso e solo in questo caso, il giornalista o chi fa comunque informazione può trattarli senza consenso, stante appunto l'interesse pubblico che li caratterizza.

Il consenso è anche la chiave di volta nel trattamento dei big data, che spesso vengono scaricati dai social, dalla rete o ricorrendo a tutti gli altri strumenti, mediante i quali essi diventano accessibili, anche se sono sensibili, attenendo, ad esempio, alla salute o alla vita sessuale o all'orientamento politico, senza che il titolare ne sia consapevole fino in fondo.

Un'informazione di qualità e offerta con responsabilità, dunque, deve tutelarli, se pure divenuti accessibili ed avvalersene solo se indispensabili a fini informativi.

Certo i limiti cui sono soggetti oggi gli operatori dell'informazione sono notevoli, essendo la diffusione di dati, a volte del tutto inibita, ad esempio, se essi attengono ai minori, a meno che il trattamento non avvenga nel loro esclusivo interesse, o a persone in stato di costrizione o a vittime di reati sessuali o se sono ridondanti, rispetto alla notizia o ancora se mettono in pericolo la vittima di un reato o se sviliscono il soggetto cui appartengono.

Un tempo era tutto più semplice, le informazioni si trovavano sui giornali o si acquisivano dalla radio o dalla televisione, dai quali venivano diffusi senza particolare attenzione a profili oggi fondamentali, erano però verificabili più facilmente e la diversità delle testate dava notizie in media più accettabili, quindi di migliore qualità.

Poi è arrivato Internet, il proliferare di siti informativi on line, più veloci, sempre aggiornati, però meno verificabili, per l'enorme massa di dati in arrivo nelle 24 ore, con notizie integrate e a volte radicalmente modificate, nel corso della stessa giornata.

Arriva poi l'informazione diretta, per così dire dal produttore al consumatore, senza intermediazione, proveniente da operatori fai da te, che agiscono sul campo o anche da casa, dando vita ad una sorta di controinformazione, sempre più rapida e accreditata, non sempre a ragione, come la "vera" informazione.

E se alcuni di quei siti fabbricano fake news, ne vengono creati altri che si occupano di individuarle e disinnescarle, mentre l'attenzione si concentra sull'enorme massa di dati che tutto questo genera in campo informativo, i big data appunto, fino ad oggi considerati il vero business, il cui utilizzo massivo comincia a raccogliere qualche critica, con l'attivazione di forme di tutela dei singoli dall'invadenza di chi li cerca, una lotta impari che non si sa davvero come finirà.

Interessante è leggere i risultati dell'indagine conoscitiva sui big data, svolta di concerto fra AGCM, AGCOM e Garante della Privacy[2].

Ma intanto, nel 1996 entrava in vigore la legge sulla privacy, modificata con il Decreto legislativo n. 196 del 2003 (Codice della Privacy) e poi dal Regolamento europeo 2016/679 (G.D.P.R.) che ha introdotto, è vero, il di-

---

[2] Reperibile al link https://www.garanteprivacy.it/documents/10160/0/Indagine+conoscitiva+sui+Big+Data.pdf/58490808-c024-bf04-7e4e-e953b3d38a9a?version=1.0.

ritto all'oblio, ma anche la tutela degli archivi informatici dei siti informativi.

L'oblio, cioè essere dimenticati, è in aperto ed inconciliabile contrasto con l'immanenza perpetua dei dati personali in rete e, oggi, nel "contenitore" dei big data è impossibile sparire davvero dai radar come alcuni vorrebbero accadesse.

E, tuttavia, il Regolamento europeo l'ha riconosciuto, dando agli interessati alcuni strumenti per esercitarlo Ha ribadito, nel contempo, l'importanza dell'informazione e della sua fruibilità, anche dopo che un fatto si è verificato, dunque anche della memoria e, per evitare buchi irreversibili, ha statuito anche la tutela degli archivi informatici delle testate, trovando il punto di equilibrio nella deindicizzazione dei dati dai motori di ricerca, vale a dire l'inibizione a visualizzare un certo articolo, digitando le generalità di colui che agogna all'oblio, richiesta dal sito sorgente al motore di ricerca.

Rimane fondamentale anche la verità delle informazioni che vengono diffuse e che debbono essere controllate, fin dove è possibile. Qualcuno che non conosce il mondo dei mass media giustamente sostiene che non debbano essere pubblicate, se non c'è un riscontro sicuro, per evitare di inoculare nel sistema appunto fake news o post notizie.

E, tuttavia, i falsi costruiti da gruppi di potere o i falsi condivisi da tanti utenti, fino a diventare virali non assumono rilevanza penale e civile, a meno che non ledano interessi individuali o collettivi, generando danni che debbono essere risarciti e spesso violando anche il codice penale, ad esempio diffamando soggetti determinati.

Certo preoccupa che tale attività finisca per diventare una forma subliminale di formazione del consenso o di anticipazione e di radicalizzazione del pensiero senza contraddittorio.

Allora cosa può fare una informazione di qualità e responsabile? Offrire notizie sempre più verificate e verificabili, da parte di chi le riceve, mediante l'indicazione delle fonti e la messa a disposizione degli elementi documentabili, sempre garantendo la tutela delle persone, specie se fragili, contrastando chi fa disinformazione ed instilla odio: è una lotta impari ma può essere ancora vinta.

VIII.
ALGORITMI E DATI

Donata Columbro[1]
Dataninja

Quando si parla di fiducia nei media, la riflessione dedicata agli algoritmi e ai big data in qualche modo è come se ci mettesse in guardia: di fronte a questi cambiamenti tecnologici, come si può garantire la qualità? Cosa rimane del classico lavoro del reporter in un mondo in cui l'intelligenza artificiale – se adottiamo questa narrativa – rischia di rendere obsoleta qualsiasi competenza "umana"?

In realtà gli algoritmi, che oggi sembrano definire in modo deterministico il modo in cui i lettori consumano

[1] Giornalista, socia co-fondatrice di Dataninja e responsabile della Dataninja School, piattaforma di formazione online per chi vuole imparare a comunicare meglio con i dati. Docente a contratto di Data Visualization in Iulm, è autrice del libro *Ti Spiego il Dato* (Quinto Quarto, 2021) e cura la rubrica Data Storie su *La Stampa*.

le notizie (l'ha deciso l'algoritmo, l'algoritmo ci penalizza, dobbiamo trattare le breaking news altrimenti l'algoritmo delle ricerche ci lascia fuori) altro non sono che regole messe insieme da esseri umani per definire come una macchina deve comportarsi in caso di determinati impulsi.

Nel 2021 per la prima volta in Europa un tribunale ha definito "discriminatorio" un algoritmo: è successo a Bologna, in una sentenza di primo grado del Tribunale, per l'accusa di condotta antisindacale dell'algoritmo nei confronti dei lavoratori e delle lavoratrici di un'azienda di delivery.

Come può un algoritmo essere discriminatorio? La tecnologia non è neutra?

Un algoritmo è un insieme di operazioni da effettuare per risolvere un problema (si tratta di un concetto astratto, che si può rappresentare per esempio con un diagramma di flusso), poi c'è una lista di istruzioni che è l'implementazione dell'algoritmo (un oggetto "materiale", il codice sorgente).

Le istruzioni le scrivono gli esseri umani, che hanno una storia personale, delle idee sul mondo, dei pregiudizi... e per insegnare al computer come comportarsi quando si presenta un problema gli forniscono dei dati da cui partire. Dati che sono scelti sempre da esseri umani.

Quindi un algoritmo è un prodotto umano e come tale non può essere neutro.

Ogni volta che la stampa affronta questa tematica si perde questo passaggio e si punta sul "blame the algorithm", dagli all'algoritmo, dando tutta la colpa alle macchine, senza un approccio critico che metta in evidenza il fatto che è l'intelligenza umana, non quella artificiale, a scrivere il codice.

Ma ci sono almeno 3 motivi per cui un algoritmo può sbagliare:

- è stato pensato e realizzato con obiettivi diversi a quelli per cui lo giudichiamo (l'algoritmo dell'app di delivery rientra in questo caso);
- non è un algoritmo strettamente procedurale, ma rientra nell'ambito del machine learning, per cui può imparare solo quello che gli viene insegnato;
- è stato progettato male perché non prende in considerazione tutte le variabili di interesse.

Un altro caso di presunto "errore dell'algoritmo" raccontato sulla stampa (statunitense) nel 2021 è quello dell'ospedale di Stanford, dove l'algoritmo che doveva decidere l'ordine di accesso alle vaccinazioni anticovid ha messo avanti nella lista i dipendenti con più anzianità e posizioni di leadership che però lavorano nell'amministrazione, lasciando indietro molti medici e infermieri che invece stanno a contatto con i pazienti: solo 7 degli oltre 1300 medici della struttura erano stati inclusi.

L'errore qui è umano, come approfondito dal MIT Technology Review, cioè l'aver deciso di non rivedere i risultati che l'algoritmo produce quando riceve come input i dati relativi ai dipendenti di quell'ospedale.

E che dire degli algoritmi che aiutano le aziende a decidere se un lavoratore è adatto a un certo ruolo? Ci sono i giochi della Pymetrics, usati da multinazionali come McDonald's o Colgate-Palmolive per fare una prima scrematura dei candidati a una posizione: questi software misurano tratti della personalità come la generosità, l'attenzione, il senso di equità. Se il punteggio dei candidati si avvicina a quello richiesto per ottenere il lavoro saranno richiamati per colloqui successivi. Altri software servono invece ad analizzare i colloqui in video conferenza, fornendo dati come le parole chiave ripetute, la frequenza del contatto visivo con la telecamera, e altro ancora.

Il problema di queste pratiche non è nell'uso della tecnologia ma il fatto che sia presentata come "imparziale" e migliore dello screening umano. In realtà nel 2018, secondo un'inchiesta di Reuters, Amazon si servì di un algoritmo poi valutato come discriminatorio nei confronti delle donne, perché tendeva a escludere chi aveva l'aggettivo "femminile" dentro il CV (per esempio aver frequentato un college femminile). L'algoritmo era addestrato per far combaciare i profili con la tipologia di persone che aveva occupato quel posto di lavoro in passato. Quando si tratta di uomini bianchi è probabile che le altre categorie di persone risultino eccezioni o minoranze nei dati di partenza.

Il problema non è usare l'intelligenza artificiale e gli algoritmi per prendere una decisione, ma dichiararne il funzionamento e non etichettarlo a priori come "neutro", e soprattutto, come giornalisti, raccontarlo così.

Prendiamo invece il tema dei big data. Una quantità di dati talmente così estesa in termini di volume, velocità e varietà da richiedere tecnologie e metodi analitici specifici per l'estrazione di valore o conoscenza. Non sono dati analizzabili dall'occhio umano.

I dati (i big data?) scandiscono la nostra vita quotidiana da quasi due anni. Ci dicono se l'indomani possiamo andare a lavorare in presenza, se i nostri figli entreranno a scuola lunedì, se dobbiamo indossare una mascherina sul volto per uscire a fare una passeggiata o qual è la distanza di sicurezza da tenere per parlare con altre persone. Da quando l'Istituto superiore di sanità (ISS), il 28 febbraio 2020, ha attivato un sistema di sorveglianza epidemiologica pubblicando un bollettino giornaliero che oggi è arrivato a contenere 16 diverse colonne con i rispettivi dati, siamo consapevoli che questi numeri saranno presi in considerazione dalle autorità regionali e nazionali per prendere decisioni ad alto impatto sulla nostra vita.

In realtà, le amministrazioni pubbliche prendono decisioni basate sui dati tutti i giorni, solo che non ce ne siamo mai resi conto in modo così evidente come in questi mesi in cui abbiamo visto grafici e infografiche su vaccini e contagi nei talk show in prima serata, e li abbiamo condivisi nelle chat con amici e parenti in cerca di risposte a leciti dubbi sulla crisi sanitaria che stiamo vivendo.

Ma i dati della pandemia sono big data? Se pensiamo al volume dei dati raccolti sì, lo sono. Ma prima di diventare big sono small data: sono raccolti a mano!

Anche qui, come giornalisti non possiamo evitare di parlare e porre davanti ai lettori i limiti dei dati.

"Di Dio ci fidiamo, tutti gli altri portino dati!" oppure "Senza dati sei solo un'altra persona con un'opinione!" Quante volte abbiamo sentito o letto frasi di questo tipo? Le numerose citazioni sull'affidabilità di numeri e statistiche – basta cercare su un motore di ricerca e trovarne milioni – sembrano confermare che un grafico o una tabella valgano più di mille parole. Ne troviamo persino sui prodotti che acquistiamo, e quando i numeri e le percentuali vengono citati nei dibattiti politici è vero che i siti di debunking riescono immediatamente a verificare e riportare i dati corretti, ma spesso quelli sbagliati restano nella memoria di chi li ha ascoltati per la prima volta. È che i numeri in qualche modo o ci spaventano o ci rassicurano. Se "lo dicono i numeri" possiamo stare tranquilli, la notizia è fondata, giusto? E poi, di fronte ai numeri complessi, alle percentuali e alle statistiche reagiamo in due modi: evitando di approfondire, e quindi di coinvolgere il sistema dei pensieri lenti, oppure con l'emotività del pensiero veloce, cercando di selezionare rapidamente le informazioni in grado di confermare la nostra esperienza e la nostra percezione.

In realtà fornire più dati e più informazioni alle persone rischia di polarizzare la loro opinione, e questo si deve al "bias di conferma", percezioni della realtà influenzate dalla nostra esperienza, dal contesto in cui operiamo, dai nostri pregiudizi. I bias ci spingono a consumare notizie, dati ed evidenze che sostengono ciò di cui siamo già convinti, e soprattutto a ignorare tutto ciò che contrasta con le convinzioni pregresse.

La responsabilità dei giornali in questo senso va nella direzione di aiutare le persone a leggere e capire i dati citati nelle notizie, nel verificare le fonti e nel farsi tutte le domande necessarie al fine di presentare dati affidabili.

IX.
SPERANZA E FIDUCIA

Manuel Sánchez[1]
ISCOM - Promozione della comunicazione istituzionale

Sono stati numerosi, dal mese di marzo 2020 ad oggi, gli interventi delle autorità civili contro la diffusione della pandemia, per limitarne gli effetti sulla popolazione. Alcune misure sono state farmacologiche, come la somministrazione di vaccini, altre sono state di diverse natura, come l'uso obbligatorio di mascherine in diversi casi, restrizioni alla mobilità, quarantene e limitazioni dei diritti e delle libertà.

[1] Avvocato e giornalista, presidente ISCOM. Membro del comitato direttivo di Intermedia Consulting (Italia-Usa) e vicepresidente Fundación Estudios de la Comunicación (Spagna). È professore di Media relations presso la Pontificia Università della Santa Croce. Componente dei Comitati "Giornalismo & Tradizioni religiose" e "Informazione, migranti e rifugiati", promossi da ISCOM e dalla Facoltà di Comunicazione della Pontificia Università della Santa Croce.

I media hanno giocato un ruolo chiave in questo processo. Attraverso le loro notizie, articoli e interviste, hanno trasmesso al pubblico la situazione e le scelte delle autorità per reagire nel modo più appropriato.

L'efficacia di queste misure è derivata, almeno in larga misura, dal comportamento delle persone, dalla loro disponibilità a fare ciò che le autorità avevano ordinato o consigliato loro di fare, e pure dalla percezione trasmessa tramite i media di ogni tipo.

Si è visto, però, che se i messaggi arrivano in un certo modo – sia attraverso le istituzioni pubbliche, sanitarie ed i media –, dando priorità ai fattori emotivi e positivi, i cittadini interiorizzano i cambiamenti proposti e agiscono secondo le indicazioni ricevute. Così l'incidenza della pandemia è diventata inferiore a quella che sarebbe stata senza la collaborazione delle persone.

Due studi pubblicati di recente evidenziato l'importanza, infatti, degli elementi emotivi nel plasmare gli atteggiamenti del pubblico e la conformità alle regole o alle raccomandazioni, e quindi come le autorità possono influenzare la gente.

Il primo studio[2] ha analizzato i dati di 177 paesi per il periodo dal 1° gennaio 2020 al 30 settembre 2021. Ha scoperto che i tassi di infezione erano più bassi quanto più alta era la fiducia delle persone nel governo.

---

[2] https://www.thelancet.com/journals/lancet/article/PIIS0140-6736 (22)00172-6/fulltext

Quando le persone hanno fiducia nel governo, sono più disposte a cambiare il loro comportamento nel momento in cui vengono invitate a farlo, così come quando si fidano degli altri nella comunità e sono convinti che loro faranno lo stesso. C'è una reciprocità implicita e spontanea nelle relazioni di fiducia.

D'altra parte, i paesi con livelli più alti di informazione erano anche più propensi a seguire le istruzioni delle autorità per limitare la mobilità.

Un secondo studio[3], questo sperimentale, ha analizzato l'effetto del tono dei messaggi indirizzati alla popolazione dalle autorità per motivare l'adozione di comportamenti prudenti che avrebbero ridotto il rischio di contagio in un momento critico dello sviluppo della pandemia. Questo è avvenuto nell'inverno del 2021: tra la comparsa della variante alfa (più infettiva) e la somministrazione dei primi vaccini contro il Covid-19.

Lo sviluppo della nuova variante ha reso necessaria l'adozione di nuove misure di protezione da parte del pubblico, in un momento in cui si era accumulato molto stress a causa della fatica generata della pandemia.

Non aveva più senso invocare la necessità di "appiattire la curva" che si era dimostrata così utile all'inizio della pandemia. Fu allora che fu condotto l'esperimento, confrontando l'effetto dell'uso di messaggi speranzosi, paurosi o neutri.

[3] https://www.nature.com/articles/s41598-022-06316-2

In una fase della pandemia con molta stanchezza accumulata, il messaggio di speranza è stato più efficace nel motivare una maggiore aderenza alle linee guida sanitarie e ha facilitato una migliore comprensione pubblica della situazione pandemica rispetto a un focus sulla minaccia e la paura della nuova variante più infettiva.

I due studi citati hanno quindi evidenziato l'importanza dei fattori emotivi, fattori il cui impatto può essere visto a diversi livelli temporali, secondo gli scienziati Ignacio López-Goñi, professore di Microbiología dell'Università di Navarra, e Juan Ignacio Pérez Iglesias, professore di Fisiologia dell'Università del Paese Basco / Euskal Herriko Unibertsitatea/[4].

A loro parere, e d'accordo con i due studi, i governi possono mantenere o aumentare la fiducia del pubblico fornendo informazioni tempestive e accurate sulla pandemia – anche quando tali informazioni sono ancora limitate –, comunicando chiaramente i rischi e le vulnerabilità rilevanti.

Per López-Goñi e Pérez Iglesias, sulla base dei risultati degli studi di cui sopra, ci sono elementi emotivi, come la speranza e la fiducia, la cui attenta considerazione da parte delle autorità può giocare un ruolo chiave nell'influenzare positivamente l'evoluzione di un'epidemia. I messaggi rivolti alla popolazione sono più efficaci quando sono formulati con un tono di speranza, senza

---

[4] https://theconversation.com/confianza-esperanza-y-transparencia-una-triada-virtuosa-frente-a-las-pandemias-178951

minimizzare la minaccia, perché le visioni positive (bottiglie mezze piene) aiutano a far fronte alle crisi e sono più utili di quelle che cercano di instillare la paura. D'altra parte, bisogna coltivare la fiducia nelle autorità. Perché la fiducia è una risorsa condivisa che permette a gruppi di persone di fare collettivamente ciò che gli individui non possono fare da soli. Si può perdere, ma si può anche guadagnare in un clima di fiducia.

Ci sono anche altri due fattori di cui tener conto.

Il primo è la chiarezza e la trasparenza delle informazioni: sono essenziali sia per trasmettere messaggi con un tono di speranza che per rafforzare i sentimenti di fiducia. Non è sufficiente dire ciò che deve essere fatto; deve essere spiegato bene, attraverso le piattaforme giuste, e modulato per il pubblico a cui è destinato. E, se possibile, dovrebbe essere spiegato da persone che sono qualificate per farlo e che hanno la credibilità necessaria. Sarà difficile trasmettere speranza e fiducia se chi deve farlo non è in grado di ispirare questi sentimenti.

Il secondo fattore, nel contesto a cui ci riferiamo, riguarda il fatto che la comunicazione scientifica è particolarmente rilevante e dovrebbe essere considerata uno strumento di immunizzazione sociale.

Questo spiega ciò che è stato più ascoltato durante la pandemia: solo gli interlocutori che riuscivano a radunare tutti questi elementi: fiducia, speranza, chiarezza e professionalità.

Invece, alcuni media hanno – in genere – sottolineato un approccio che portava il più delle volte alla paura, senza mezzi termini, senza curare le sfumature.

Un sondaggio Ipsos pubblicato alla fine del 2020[5] mostra chiaramente quanto sia cresciuta la sfiducia verso gli esperti e le istituzioni, con cifre che si sono confermate anche nel 2021. La sfiducia è alta verso certi profili professionali – come i politici (15%) o i giornalisti (23%). Questi sono tempi buoni, viceversa, per medici, infermieri e ingegneri, categorie professionali che ricevono molta fiducia.

Cosa è successo ad alcune di queste autorità sociali, in particolare i giornalisti, perché non ci fidiamo più di coloro che finora abbiamo considerato esperti, e quali sono le conseguenze per la società? Qual è la ragione di un certo declino generale della fiducia?

Negli ultimi anni, c'è stato un clima di sospetto generalizzato nella società. Siamo riluttanti a metterci nelle mani di specialisti che basano la loro autorità su criteri storici o soggettivi.

Le cause di questo cambiamento sono varie, ma la principale è che alcune istituzioni tradizionali hanno deluso la società[6]. Il danno maggiore è stato fatto da coloro che hanno mentito al loro pubblico. Mentire fa danni

[5] https://www.ipsos.com/it-it/2020-review
[6] https://www.ipsos.com/it-it/situazione-economica-italiana-miglio rano-aspettative-poca-fiducia-istituzioni

orribili: gli scandali della Lehman Brothers, le emissioni della Volkswagen o le statistiche ingannevoli del vaccino Astrazeneca sono alcuni esempi.

Il problema è che non solo diffidiamo di una specifica organizzazione bugiarda, ma il nostro sospetto si estende a tutte le organizzazioni o professionisti che lavorano nello stesso settore.

È vero che ci sono sempre state bugie però mentire non solo è male in sé, ma annulla l'autorità di chi dovrebbe comunicare la verità.

Ci sono altre ragioni all'origine di questo clima di sospetto? Oltre alla menzogna, potremmo menzionare la paura. Internet ha messo in circolazione molte più informazioni che ci fanno sentire vulnerabili. Le notizie sui vaccini divulgate dai media, con tante contraddizioni, tante voci diverse hanno minato la nostra volontà di fiducia. Non sappiamo più chi ha ragione e questo crea un forte senso di fragilità e di impotenza.

Secondo Juan Narbona[7], in quest'epoca di informazione globale, gli scandali e le crisi in vari settori (immigrazione, covid, violenza domestica, sicurezza del lavoro...) hanno indebolito la nostra capacità di metterci nelle mani degli altri. Abbiamo paura, e questo non è positivo perché indebolisce i legami sociali, e una società più debole è una società più manipolabile. Ecco perché è

---

[7] https://omnesmag.com/actualidad/juan-narbona-la-desconfianza-en-las-instituciones-debilita-a-la-sociedad/

importante ispirare di nuovo fiducia nelle istituzioni che costituiscono la spina dorsale della società e le danno coesione e forza.

E allora, come si può ricostruire la fiducia? In conclusione, la fiducia riaffiora quando – come abbiamo potuto constatare nelle indagini analizzate – nei messaggi delle istituzioni e dei media c'è una comunicazione chiara, ben spiegata, dove non si nasconde niente, con un atteggiamento di speranza e di lavoro ben fatto, con caratteristiche evidenti di qualità.

X.
IL GIORNALISMO È ADESSO

Giovanni Tridente[1]
Pontificia Università della Santa Croce

Quando oggi si pensa al giornalismo, e più in generale al mondo dell'informazione, vengono subito alla mente due parole. La prima è *sovraccarico* (informativo), ossia una quantità enorme di informazioni che ci giungono ininterrottamente lungo la giornata, attraverso i più disparati mezzi, a cominciare dal dispositivo che abbiamo costantemente tra le mani, e durante qualunque tipo di attività o impiego. Per dire, anche prendere un caffè al

---

[1] Docente di giornalismo d'opinione nella Facoltà di Comunicazione della Pontificia Università della Santa Croce, dove dirige anche i Servizi di Comunicazione. Tra altri testi, ha curato il manuale "Teoria e pratica del giornalismo religioso" (2014), "La Missione digitale" (2016) "I doveri del giornalista" (2019) e "Il giornalismo tra infodemia e servizio essenziale" (2021); è anche autore di "Attacco all'informazione" (2006), "Becoming A Vaticanist" (2017), "Pellegrino di Periferia" (2019) e "Abbracciamo la speranza: il futuro dopo la pandemia" (2020).

bar è l'occasione per assorbire informazioni in tempo reale attraverso il televisore piazzato sulla parete del locale, sintonizzato guarda caso su un canale *All-news*.

La seconda parola è *fiducia*. Ma sarebbe più corretto dire, "mancanza di fiducia" o decrescita costante del "credito di fiducia" che le persone – i cittadini – riservano ormai al giornalismo e ai giornalisti. Un patrimonio di affidabilità che si è andato erodendo anno dopo anno, a cominciare sicuramente dagli ultimi due decenni. Le ragioni sono tante, ma più di tutte hanno inciso fortemente 1) l'avvento di Internet e dei social – che hanno reso tutti dei potenziali "citizen journalist" – e 2) la crisi economica del settore, che accanto ai mancati investimenti ha fatto proliferare una generazione di "narratori del presente" senza garanzie, senza entusiasmo e senza formazione.

Alcuni potrebbero pensare che la causa di questo "disastro sociale" – che provoca danni alla libertà personale e più in generale all'esercizio democratico dei cittadini, poiché privi di una giusta ed equilibrata conoscenza del reale e di ciò che accade intorno a loro, schiavi di chi grida di più o chi "manovra meglio" certi fili della psicologia umana – sia da attribuire esclusivamente alle reti sociali o ai colossi digitali, che hanno smantellato quella "rete di mediazione" che la stampa aveva costruito nel tempo, un "quarto potere" a vigilanza della democrazia, *watchdog* della politica.

Una "mediazione" che si rendeva senz'altro necessaria quando – prima di Internet –, erano davvero pochi quelli che potevano avere un accesso massivo alle informazioni, per cui c'era bisogno di chi – per mestiere – dedicava anima e corpo ad una causa di sostanziale "servizio al bene comune".

Se allora da una parte lo sviluppo tecnologico ha reso in un certo senso "anacronistico" un particolare modo di svolgere la professione giornalistica, dall'altra non è affatto vero che ha privato le democrazie dei mezzi per continuare a garantire la libertà di opinione e il ponderato esercizio delle prerogative proprie di ciascun cittadino. Certo, come in ogni epoca, sopravvive chi riesce ad "adattarsi" ai cambiamenti, e non solo a biasimarli o addirittura ad avversarli utopisticamente poiché lo sforzo da mettere in campo non è in linea con i propri desideri, sogni o volontà.

Ma se c'è una cosa che i social – e la rete in generale – hanno insegnato in tutti questi anni, è che loro continueranno ad esistere anche senza l'adesione di quei pochi che vi si oppongono, proprio perché sono diventati una parte endemica dell'esistenza umana.

Assodato dunque che bisogna fare i conti con questo cambiamento d'epoca, e che a ogni sfida bisogna investire le migliori energie e le migliori risorse per vincerla, anche il giornalismo poteva assumersi l'onere di far parte della gara e casomai vincere la partita.

Come? Semplicemente continuando a fare ciò che aveva sempre fatto: offrire alla società le primizie e non le cose risapute, riferite a tamburo battente da tutti poiché già a disposizione di tutti; lavorare sul contesto, sulle cause, sulle ragioni del perché accade quel che accade; accompagnare l'evoluzione delle "storie", perché ogni cosa che avviene, e ogni fatto sociale, è soltanto l'inizio della storia, nessuno sa come evolverà e come andrà a finire: il giornalista potrebbe raccontarcelo; aspirare mediante il proprio racconto alla "soluzione" dell'accaduto, e ad un risvolto costruttivo delle vicende, valorizzando la spinta di bene (pubblico) che ne potrebbe derivare.

Insomma, consumare "le suole delle scarpe" come ha ripreso più volte Papa Francesco con una immagine cara ai narratori del reale, perché non esiste racconto che non si faccia cammino, presenza, sacrificio e partecipazione. Perché il giornalismo è adesso.

XI.
IL PRESTIGIO E LA DIGNITÀ DELLA PROFESSIONE GIORNALISTICA NELLA RISCOPERTA DEI SUOI FONDAMENTI

Antonino Piccione[1]
ISCOM – Promozione della comunicazione istituzionale

Inizialmente fissata per fine gennaio, la Giornata di studio e di formazione professionale per giornalisti, di cui offriamo la presente pubblicazione, si sarebbe dovuta so-

---

[1] Giornalista professionista, caporedattore ISCOM. Laurea con lode in Giurisprudenza, specializzazione in Comunicazione istituzionale, master in Giurista del settore dell'informazione e della comunicazione. Autore di *Minori e media in tv e nel cinema* (Il Nuovo Diritto 2007), curatore de *I doveri del giornalista: Etica professionale & servizio alla società* (2019), *Il giornalismo tra infodemia e servizio essenziale* (2021), *Libertà di espressione. Diritto di satira e tutela del sentimento religioso* (2021). Componente dei Comitati "*Giornalismo & Tradizioni religiose*" e "*Informazione, migranti e rifugiati*", promossi da Iscom e dalla Facoltà di Comunicazione della Pontificia Università della Santa Croce: ne coordina le iniziative di studio e di formazione professionale.

vrapporre alla elezione del Capo dello Stato. In ragione del temuto picco pandemico di quel periodo, si è ritenuto opportuno rinviare l'appuntamento a metà marzo.

Complice la sfumata concomitanza con quel momento cruciale per il nostro Paese e per il futuro delle sua più alta istituzione, mi piace richiamare il discorso di fine anno 2021 di Sergio Mattarella – l'ultimo del suo primo mandato – quando, con riferimento al ruolo e alla funzione del Presidente della Repubblica, ne sottolineò un tratto peculiare: spogliarsi da ogni appartenenza, con la responsabilità di «farsi carico esclusivamente dell'interesse generale, del bene comune come bene di tutti e di ciascuno». Analogamente il giornalista, si potrebbe osservare, è quello sì capace di svolgere il compito che gli è proprio di riferire correttamente e accuratamente, descrivere il contesto, precisare gli antefatti, spiegare le ragioni. Senza però alcuna carità di patria: non deve cioè guardare in faccia a nessuno. Al contrario è tenuto a spogliarsi, appunto, da ogni appartenenza, e a operare per il bene comune di un›opinione pubblica libera perché eticamente e deontologicamente informata.

Riscoprire i fondamenti della professione per meritare la fiducia del proprio pubblico non vuol dire cedere all'autocommiserazione o a tentazioni nostalgiche. Costituisce al contrario un preciso impegno per ciascun giornalista. Presidio di libertà, il giornalismo più meritevole di fiducia è quello che contribuisce alla soluzione dei problemi da esso stesso denunciati. E che si fa argine a isterie collettive ed egoismi sociali, ipocrisie e manipolazioni, menzogne e arbitrii. Specie in tempo di guerra o di pandemia.

Per dirla con Sergio Lepri, «il giornalista non si schiera nel rispetto del lettore, non deve occupare la scena che va lasciata ai fatti. Alle persone delle quali si parla e a quelle che s'informano». Per dirla con Papa Francesco, «raccontare significa non mettere sé stessi in primo piano, né tantomeno ergersi a giudici».

Il primo dovere del giornalista è la responsabilità: considerare l'interlocutore innanzitutto come un cittadino titolare del diritto-dovere di informarsi, prima che un cliente. Per cui chi fornisce l'informazione deve avere una fiducia totale nell'incorruttibilità del prodotto. L'opposto di chi tratta il lettore (l'utente) come l'unico consumatore che vale la pena servire, a detrimento della qualità e del senso civico.

Schivare, in secondo luogo, la trappola di un protagonismo eccessivo che talvolta sconfina in un vero e proprio narcisismo e cercare di offrire un apporto costruttivo, che non vuol dire assecondare una lettura edulcorata dei fatti, bensì raccontarli anche in chiaroscuro, senza tuttavia condannare fatalmente il pubblico al pessimismo e alla rassegnazione.

Alla luce dell'*Edelman Trust Barometer* 2022, sondaggio sulla base di interviste online di 30 minuti condotte tra il 1° e il 24 novembre 2021 in 28 Paesi, Italia inclusa, un intervistato su due vede i governi (48%) e i media (46%) come forze divisive della società. Attraverso la disinformazione e la divisione, queste due istituzioni alimentano il ciclo e lo sfruttano per fini commerciali e politici. Circa due terzi degli intervistati crede che le figure tradizionali dell'autorità – giornalisti, leader di governo, classe dirigente – mentano apertamente.

In Italia, il 50% delle persone afferma di avere fiducia nei media; cioè a dire che l'altra metà non ne nutre.

Stando poi all'ultimo Rapporto dell'Osservatorio Censis-Ital Communications, l'86,4% degli italiani ritiene che per avere un'informazione di qualità sia meglio affidarsi ai media gestiti professionalmente piuttosto che ai social network, giudicati affidabili solo dal 34,3%, con il 55,1% convinto che il digitale fomenti l'odio, il rancore e la conflittualità. I dati sugli ascolti radiofonici durante l'emergenza coronavirus e quelli sull'*engagement* generato dalle emittenti italiane sui social network incoronano la radio come uno dei media "più resilienti" ai cambiamenti di questo tornante della storia. Ciò che con ogni probabilità troverà conferma per l'emergenza guerra, per la quale tuttavia la tv potrà tornare tra i media protagonisti grazie alla suggestione e alla insostituibilità delle immagini nel racconto dei drammi umanitari che produce.

Opportuno il richiamo dell'Autorità per le garanzie nelle comunicazioni ai vertici di tutti i gruppi televisivi italiani: evitare spettacolarizzazioni nella narrazione del conflitto russo-ucraino, facilitare la comprensione della tragedia senza sacrificare valori come l'imparzialità, il pluralismo, la completezza del racconto. «È necessario – si legge nella lettera dell'Agcom dell'8 marzo – aiutare i giovani a conoscere, capire e interpretare la drammaticità della guerra alla luce dei valori di ragione, tolleranza, solidarietà e rispetto della persona umana che costituiscono l'identità europea e secondo i principi contenuti nella nostra Costituzione».

In questo senso occorre preservare la dignità delle persone e delle comunità coinvolte nel conflitto, applicando i principi di essenzialità dell'informazione e di continenza della forma espositiva, a partire dalle immagini della guerra, che non devono puntare al sensazionalismo ma alla pacatezza e alla valorizzazione dell'*humanitas* dei protagonisti.

Il discredito delle autorità tradizionali è il tema di *Don't look up*, il recente film di Adam McKay in cui si spiegano i meccanismi sociali, psicologici, politici e mediatici che entrano in gioco quando l'uomo si confronta con un'emergenza. Sui media in particolare, con le *tv mainstream* in balia della spettacolarizzazione, i grandi giornali che ti tallonano fino a quando quello che dici ha un seguito, le testate *digital first* prese dal cappio della viralità e sotto il giogo di un pugno di *click*: un sistema dell'informazione che sacrifica la qualità sull'altare della notiziabilità più spinta. Con una sempre più sfumata distinzione tra notizie, opinioni, intrattenimento e pubblicità.

Là dove – scrivono Daniele Manca e Gianmario Verona (*Corriere della Sera*, 22 gennaio 2022) – «nel terzo millennio, nell'era digitale, a definire il giornalismo è il metodo. Un metodo assimilabile a quello scientifico. A

partire da un principio fondamentale: la contestualizza-
zione delle informazioni. Cosa che spetta a chi ritiene
di essere più "accountable", nell'accezione più rotonda e
ricca di significati della parola italiana "responsabilità"».

In *Mercanti di verità. Il business delle notizie e la grande
guerra dell'informazione* (Sellerio 2021), il saggio sul giornalismo contemporaneo di Jill Abramson, sono messe in
luce le difficoltà e le sfide per i giornali tradizionali, da un
lato, e le opportunità e le innovazioni portate dall'uso dei
mezzi digitali, dall'altro.

I fattori che hanno penalizzato la stampa e la televisione – la contrazione dei ricavi pubblicitari, il flusso delle inserzioni che privilegia, grazie a costi molto più bassi,
piattaforme digitali come Google e Facebook, e infine
il calo della diffusione – si sono acutizzati ovunque. Lo
strapotere delle piattaforme di social media come fonti
di notizie è un altro cambiamento che appare di natura
strutturale. I social media hanno anche avuto un impatto notevole sul contenuto delle notizie. I redattori dei
giornali tengono d'occhio quali storie sono «di tendenza»
e dedicano a queste storie maggiore attenzione. Essere
«sulla notizia» e diffonderla istantaneamente su Twitter
ha più valore che essere «in anticipo sulla notizia», offrendo analisi e indagini su argomenti che, pur destando
minor attenzione, sono vitali.

Un'altra sfida – scrive Abramson – è il calo della
fiducia nei media: «Molte persone credono che qualsiasi fonte d'informazione – di destra o di sinistra – sia di
parte. Molti desiderano il ritorno a un giornalismo che

fornisca notizie in modo "corretto", senza pregiudizi. In che modo, quindi, l'informazione può sopravvivere? Io sono ottimista. Credo che le persone avranno sempre l'umano bisogno di storie che onorino la loro intelligenza e che siano ben scritte e curate. Le persone vogliono essere tutelate dalla proliferazione di informazioni false e capiscono che le "fonti" presenti sui social media sono a volte inaccurate e che alcune delle storie pubblicate non sono affatto notizie».

Senza il giornalismo di qualità è a rischio la democrazia: «Senza fatti, non c'è verità. Senza verità, non c'è fiducia. Senza fiducia, non abbiamo realtà condivisa, nessuna democrazia, e diventa impossibile affrontare i problemi esistenziali del nostro mondo: clima, coronavirus, battaglia per la verità». Sono parole di Maria Ressa, *Nobel* per la pace 2021, insieme con Dmitrij Muratov. Chiamare «esecuzioni sommarie» la campagna contro la droga nelle Filippine, per esempio. Chiamare «delitti» le morti di tutti coloro che non appoggiando il governo di Duterte sono stati vittime in circostanze poco chiare di queste morti misteriose.

Due giornalisti, entrambi a capo di testate libere e indipendenti, entrambi dissidenti nel proprio Paese. Dimtrij Muratov, tra le figure più importanti della stampa libera in Russia degli ultimi anni, ha fondato *Novaya Gazeta* poco dopo la caduta dell'Unione Sovietica, nel 1993, e ne è stato quasi ininterrottamente direttore per 24 anni. Ha dedicato il premio al suo giornale e ai sei giornalisti uccisi nel corso degli anni per via del proprio lavoro. *Novaya Gazeta* è famosa per le importanti inchieste condotte sulla classe dirigente russa, sugli oligarchi legati a Putin e sulla guerra in Cecenia dei primi anni Duemila. Mentre mandiamo alle stampe questo contributo, *Novaya Gazeta*, al pari di numerosi media occidentali, annuncia l'interruzione della copertura delle notizie sull'invasione dell'Ucraina, effetto dell'approvazione della normativa russa che prevede forti pene detentive per la pubblicazione di notizie ritenute false dalle autorità. Il regime russo si è distinto per la repressione violenta della stampa e d'altra parte tutti i Paesi autocratici sono naturalmente ostili a ogni sistema di contropoteri. E quindi scompaiono o vengono zittiti i partiti di opposizione, gli organi amministrativi di controllo, la magistratura indipendente. Con essi anche il più parcellizzato, il più diffuso e quindi anche il meno controllabile dei contropoteri: la libera stampa.

Recupero reputazionale, rigore professionale, maggiore dialogo e scambio con i lettori, capacità di adattamento al nuovo contesto: sono alcune chiavi per alimentare la fiducia nel giornalismo di qualità. Perché, ammoniva lo statista americano George Shultz, «senza fiducia nulla ha valore».

Se la disinformazione viene pompata da centrali internazionali – la guerra in Ucraina con la macchina della nebbia di Putin a tutto gas –, come contrastarla con un giornalismo digitale efficace? Si chiede Gianni Riotta (*Repubblica*, 5 dicembre 2021), per il quale «la sfida presente per noi giornalisti è, con coraggio e coscienza limpida, affrontare chi non crede più a tolleranza, pensiero critico, scienza, società aperta. Anche gli studi iniziati dall'*Italian Digital Media Observatory* provano come nessuna comunità online sia, per sempre, blindata nel proprio credo e come tanti, se sottoposti con umiltà, pazienza e sagacia a un confronto quotidiano, possano alla fine esporsi alla verità».

Serve perciò che si investa di più nel dialogo col pubblico. E il pubblico chiede più giornalismo di servizio, una maggiore trasparenza: dall'uso dei dati degli abbonati alle fonti di finanziamento. Sono ormai diversi i modelli di miglior prassi a cui ispirarsi: dai *podcast* ai documentari alle *newsletter*, dal *data-journalism* al *fact-checking*. Costruire, o ricostruire (constatate le nuove regole del gioco) un rapporto di fiducia stabile, profondo, consapevole con lettori e lettrici di ogni generazione: se questo è l'impegno e se si vuole essere credibili, poi, bisogna avere la capacità di correggersi in maniera serena e pubblicamente. E mettersi in ascolto, intercettare i bisogni informativi, facendosi prossimi alle domande e alle aspettative del pubblico. Spiegando senza dare nulla per scontato, riconoscendo gli inevitabili passi falsi, comunicando le ragioni delle proprie scelte. Un report dello scorso anno del *Reuters Institute for the study of journalism* mostra come anche dettagli grafici, stilistici e ortografici siano decisivi nel trasmettere fiducia.

Nella sua opera *Retorica*, Aristotele individua nell'onestà, nella coerenza e nell'affidabilità le qualità della persona credibile: atteggiamenti che integrano "l'essere fedeli alla parola data". Credibile sostanzialmente, secondo Niklas Luhmann, è chi resta coerente con l'idea che di sé ha dato agli altri anche in assenza di una «prova pubblica», per cui la fiducia può essere definita come l'aspettativa di regolarità e continuità comportamentale di ruolo e identità, modulata anche da aspetti affettivi ed emozionali. Al «mantenimento della promessa» concorrono infatti altre caratteristiche del soggetto credibile, quali la benevolenza (apertura verso l'altro), il disinteresse, l'indipendenza, la spontaneità (comunicazione non artificiosa), la simpatia.

Tre le radici – intrecciate – della credibilità, a giudizio di Guido Gili: la radice cognitiva, costituita dalla conoscenza e dalla competenza (è la credibilità accordata a colui che sa o si ritiene che sappia, l'esperto della materia o anche la persona bene informata come il giornalista); la radice etico-valutativa (è la condivisione dei valori, per cui si tende a considerare credibili quelle persone che incarnano il modello di vita e di comportamento al quale noi stessi aspiriamo); la radice affettivo-emotiva (classico esempio la relazione di attaccamento tra madre e figlio, ma anche quella che ci spinge alla fiducia nei riguardi di chi ci risulta simpatico).

Tra i fondamenti della professione giornalistica, il rispetto delle norme etiche e deontologiche non è solo essenziale per rafforzarne il prestigio e la dignità, è anche espressione di quella coerenza e di quella serietà, qualità richieste per ingenerare l'aspettativa di fiducia. Il «mantenimento della promessa» (l'impegno assunto nella scelta di svolgere il lavoro di giornalista) passa anche attraverso l'obbedienza ad alcuni principi, il cui fondamento è l'articolo 2 (*Diritti e doveri*) della legge professionale 69/1963.

In primo luogo, la libertà di informazione e di critica è il «diritto insopprimibile» dei giornalisti: «nessuno può recarvi attentato, senza violare un bene assistito da rigorosa tutela costituzionale» (Corte costituzionale, sentenza 122/1970). La libertà di manifestazione del pensiero proclamata dall'art. 21, primo comma, della Costituzione, deve imporsi al rispetto di tutti, delle autorità come dei consociati.

Tra i limiti alla libertà, la tutela della persona umana e il rispetto della verità sostanziale dei fatti, la buona fede e la lealtà.

Doveroso riparare gli eventuali errori e rettificare le notizie inesatte (art. 8, legge 47/1948), ma sul piano deontologico il giornalista è chiamato a provvedervi autonomamente senza attendere l'impulso della parte lesa.

E ancora: Il rispetto del segreto professionale sulla fonte delle notizie, quando ciò sia richiesto dal carattere fiduciario di esse, il mantenimento del decoro e della dignità professionali, il rispetto della propria reputazione e della dignità dell'Ordine professionale, la promozione dello spirito di collaborazione tra i colleghi e tra i giornalisti e gli editori, la formazione professionale continua, *il dovere di promuovere la fiducia tra la stampa e i lettori*.

A ben vedere, un attentato alla fiducia può derivare anche dalla condotta di quei giornalisti che, dopo anni di apprezzata ed equilibrata carriera, scelgono legittimamente di entrare in politica per poi tornare, dopo una breve e partigiana esperienza nel Palazzo, a svolgere la professione. Auspicabile, a mio parere, uno stop alle porte girevoli anche per i giornalisti, analogamente a ciò che ci si propone per i magistrati che hanno ricoperto cariche elettive e che al termine del mandato non potranno più tornare a svolgere alcuna funzione giurisdizionale.

Il richiamo all'etica professionale e alla responsabilità di quanto si scrive o si omette è stato uno dei passaggi della cerimonia del Ventaglio (28 luglio scorso), che vale la pena di ricordare dal momento che il Capo dello Stato Sergio Mattarella ebbe incisivamente a rilevare: «Nel giornalismo affiora, talvolta, l'assioma che un'affermazione non smentita va intesa come confermata. Ad esempio, vista la diffusa abitudine di trincerarsi fantasiosamente dietro il Quirinale quando si vuole opporre un rifiuto o di evocarlo quando si avanza qualche richiesta, il Presidente della Repubblica sarebbe costretto a un esercizio davvero arduo e preminente: smentire tutte le fake news, fabbricate, sovente, con esercizi particolarmente acrobatici».

In un libro su Winston Churchill di recente pubblicazione (*Splendore e viltà*, scritto da Erik Larson per l'editore Neri Pozza), si racconta che durante il terribile biennio iniziale della Seconda guerra mondiale, il 9 agosto del '40, il premier britannico invia ai suoi ministri una nota intitolata *Brevità*. In cui prescrive di comunicare soprattutto per iscritto e con «paragrafi brevi e incisivi»: «La maggior parte delle frasi contorte sono mere chiacchiere che potrebbero essere rimpiazzate da un'unica parola». E ancora: «La prosa deve arrivare dritta al punto, così si agevola la comprensione da parte dei cittadini».

Al contrario, l'eccesso di informazioni degli ultimi due anni, con i continui attentati alla brevità e la soverchiante lotta dell'audio contro il video, ci allontana dalla comprensione dei fenomeni. Fino a produrre una «distorsione gerarchica», per effetto dei processi di narcisismo e di presenzialismo di cui abbiamo fatto cenno e su cui riflette Aldo Grasso (*Corriere della Sera*, 24 febbraio 2022): «Nel corso della telecronaca Sky Sport di Benfica-Ajax (ottavi di Champions League), non c'era la seconda voce; a raccontare una partita ricca di gol e di colpi di scena c'era solo Maurizio Compagnoni: meno parole, meno commenti inutili, maggiore partecipazione al clima della partita. In realtà, la seconda voce c'era, ed era quella di Beppe Bergomi, che è intervenuta poche volte da una *Tech Room* per spiegare, immagini alla mano, lo svolgimento di alcune azioni. (…) Negli ultimi tempi, le partite stavano diventando un campo di esercitazione per l'io debordante dei telecronisti e delle seconde voci. Insomma, la voce non era più al servizio dell'evento sportivo, ma succedeva esattamente il contrario. Così anche il telecronista, ogni tanto, potrà passare la parola al silenzio».

In primo piano dunque la scena, non il retroscena. Il fatto, non chi lo racconta.

La competenza giornalistica non è un bene surrogabile, la pandemia e la guerra lo hanno dimostrato in modo eloquente: l'informazione come bene pubblico, strumento di pubblica utilità, essenziale all'esercizio dei diritti di cittadinanza.

Essere informati da chi sa leggere e valutare tutti gli elementi della realtà, e li narra con spirito critico, sobrietà, coerenza deontologica è un fattore di maturità democratica e di coesione sociale.